No frio do inverno, finalmente aprendi que
dentro de mim existe um insuperável verão.

ALBERT CAMUS, escritor

Não há nobreza no sofrimento, e sim na cura.

CHRISTIAAN BARNARD, médico

Pensei em me suicidar.
Mas minha maior preocupação foi que talvez meu nome
não aparecesse no obituário do New York Times.

ART BUCHWALD, jornalista

Ninguém é capaz de ser tão grato quanto aquele
que chegou ao fundo do poço.

ELIE WIESEL, Prêmio Nobel da Paz em 1986

Quando se está deprimido, o mundo some.
A própria fala perde a função, pois não
se tem nada a dizer. Nada.

KATE MILLET, escritora

Como curar a depressão

Como curar a depressão

Harold H. Bloomfield, M.D.,
e Peter McWilliams

SEXTANTE

Título original: *How to Heal Depression*

Publicado em acordo com a Mary Books/Prelude Press em Allen Park, Michigan, 48101, EUA.

TRADUÇÃO: Ana Quintana

PREPARO DE ORIGINAIS: Débora Chaves

REVISÃO: Luis Américo Costa e Sérgio Bellinello Soares

PROJETO GRÁFICO E DIAGRAMAÇÃO: Marcia Raed

CAPA: Miriam Lerner

PRÉ-IMPRESSÃO: ô de casa

IMPRESSÃO E ACABAMENTO: Bartira Gráfica e Editora S/A

CIP-BRASIL. CATALOGAÇÃO-NA-FONTE
SINDICATO NACIONAL DOS EDITORES DE LIVROS, RJ

B616c

Bloomfield, Harold H., 1944-
Como curar a depressão / Harold H. Bloomfield e Peter McWilliams [tradução de Ana Quintana]. – Rio de Janeiro: Sextante, 2008.

Tradução de: How to heal depression
ISBN 978-85-7542-380-6

1. Depressão mental – Obras populares. 2. Depressão mental – Tratamento – Obras populares. I. McWilliams, Peter. II. Título.

08-0550 CDD: 616.8527
CDU: 616.891.6

GMT Editores Ltda.
Rua Voluntários da Pátria, 45 – Gr. 1.404 – Botafogo
22270-000 – Rio de Janeiro – RJ
Tel.: (21) 2286-9944 – Fax: (21) 2286-9244
E-mail: atendimento@esextante.com.br
www.sextante.com.br

Quem tem depressão não precisa mais sofrer

A Organização Mundial de Saúde (OMS) estima que entre 15 e 20% da população mundial teve depressão em algum momento da vida.

A depressão é uma doença, como a pressão alta ou a diabetes, e é mais comum em pessoas com idade entre 24 e 44 anos. Ela pode, inclusive, ser hereditária. Ou seja, ninguém tem culpa por ser deprimido nem motivo para se envergonhar.

As pessoas com depressão costumam pensar que se conseguissem ficar mais "animadas", "ter mais controle sobre si mesmas" ou "ser menos preguiçosas" ficariam curadas.

Não é verdade. A depressão é mais do que uma "tristeza" temporária ou uma fase de sofrimento após algum tipo de perda – ela é uma doença, cuja ocorrência em mulheres é o dobro do que em homens.

Se não for tratada, a depressão pode durar meses, anos ou a vida inteira. A boa notícia é que em mais de 80% dos casos ela pode ser tratada com remédios e psicoterapia de curta duração.

Se você, ou alguém de quem você gosta, está deprimido, por favor, leia este livro.

Estou de um jeito que, se eu estivesse debaixo d'água,
dificilmente me esforçaria para tentar voltar à tona.

KEATS, poeta inglês

Nota dos autores

Nossa intenção, ao escrever este livro, foi a de oferecer textos curtos, práticos e objetivos sobre o tema depressão. Afinal, a última coisa que uma pessoa deprimida precisa é de um livro complexo, cheio de notas de rodapé, citações, palavras em latim e frases do tipo "A depressão é um problema biopsicossocial que pode ser tratado com inibidores de monoamina oxidase".

As citações e frases que incluímos – de pessoas reconhecidas em suas áreas e também de pessoas comuns, de culturas e épocas diferentes – mostram que a depressão (e a vontade de curá-la) é uma experiência profundamente humana e universal.

Em geral, tratar o cérebro e a mente é a forma mais eficiente de curar uma depressão.

Pesquisas mostram que os desequilíbrios bioquímicos no cérebro estão na origem da depressão. Por isso, os remédios antidepressivos têm o seu valor.

Mudar os pensamentos e comportamentos negativos que podem causar depressão, ou ser causados por ela, é outra solução. O oposto da depressão é a expressão, a capacidade de se emocionar e de ter uma visão positiva da vida.

A depressão é uma doença grave com um ótimo índice de cura. Com a ajuda da ciência e da sensibilidade, o amor consegue tudo.

HAROLD H. BLOOMFIELD
PETER MCWILLIAMS

Sobre este livro

Nosso livro tem quatro partes:

Na Parte I, "Entendendo a depressão", mostramos o que é (e o que não é) depressão, como é estar deprimido sem "se sentir deprimido" e as prováveis causas do estado depressivo. Há também uma pequena auto-avaliação elaborada pelo Instituto Nacional de Saúde dos Estados Unidos (capítulo 10).

Na Parte II, "Curar o cérebro", consideramos as causas biológicas da depressão e seu tratamento, inclusive remédios antidepressivos (naturais e sintéticos), alimentação adequada, exercício e outras atitudes que ajudam na cura da depressão.

Na Parte III, "Curar a mente", abordamos a possibilidade de mudar hábitos mentais causados pela depressão ou que contribuíram para ela, além de ensinar novos modelos mentais para aumentar a eficácia, o bem-estar e a liberdade emocional. Apresentamos também as terapias de curta duração (em geral, de 10 a 20 sessões).

Na Parte IV, "E o processo de cura continua...", observamos que, embora a maioria das pessoas depressivas consiga ótimos resultados quando decide se tratar, a cura completa leva algum tempo. Há altos e baixos, lições a aprender e novos caminhos a explorar.

Obrigado por nos acompanhar nessa jornada curativa.

Sumário

PARTE I – Entendendo a depressão

1 Você não está só 16
2 Se precisar, procure ajuda imediatamente 17
3 Não é preciso sofrer 18
4 "Não agüento mais!" 19
5 "Por que se preocupar?" 20
6 Não é culpa sua 21
7 Não é culpa de ninguém 22
8 O que é depressão? 23
9 Os três tipos principais de depressão 24
10 Os sintomas da depressão 25
11 Você está com depressão? 27
12 Você pode estar deprimido e não "se sentir deprimido" 28
13 Procurar tratamento não demonstra falha de caráter 29
14 A incapacidade de sentir alegria 30
15 Outros tipos de depressão 31
16 Adie as decisões importantes, pois a depressão altera sua capacidade de avaliação 33
17 O risco do suicídio 34
18 O poder do pensamento positivo não é páreo para a depressão 35
19 Deus e depressão 36
20 O que causa a depressão? 37
21 Os mensageiros do cérebro 38
22 A mente e os pensamentos negativos 40
23 O que vem primeiro? 42
24 A depressão pode ser hereditária e "contagiosa" 43
25 A depressão relacionada à idade 44
26 O clube do "Isso não é terrível?" 46
27 Dor física e depressão 47
28 A depressão afeta a duração e a qualidade da vida 48
29 A depressão é a maior causa do alcoolismo, das drogas e de outros vícios 49
30 Depressão e distúrbios alimentares 51

31 Insônia e outros problemas do sono 52
32 Cansaço 53
33 A depressão destrói os relacionamentos 54
34 Romantizando a depressão 55
35 Sentindo vergonha de ter depressão 56
36 Por que a depressão deve ser tratada 58
37 O tratamento da depressão 60
38 Para cada pessoa, um tratamento 62

PARTE II – Curar o cérebro
39 Escolhendo um médico 64
40 O diagnóstico da depressão 65
41 Antidepressivos não viciam nem causam dependência 67
42 O uso correto das ervas medicinais 69
43 O remédio e a dosagem certa 71
44 Não confunda antidepressivos com tranqüilizantes 72
45 Uma boa noite de sono 74
46 Suplementos alimentares 76
47 Trate bem do seu corpo 77

PARTE III – Curar a mente
48 A psicoterapia como forma de educação 80
49 Terapia cognitiva 81
50 Terapia interpessoal 82
51 O reconhecimento de dois pioneiros 83
52 Psiquiatra, psicólogo ou ambos? 85
53 Crescimento pessoal 86
54 Flexibilidade 87
55 O hábito de exagerar é péssimo e pode destruir você 89
56 Preste atenção em você 90
57 Cure primeiro você 91
58 Nada pode deixá-lo deprimido, a menos que você permita 93
59 "Sim" e "não" 95
60 Não existem sentimentos "ruins" 96
61 Mágoa, ressentimento e culpa 97
62 Perdoando 99
63 Atividades positivas 101

64 Anime-se, levante a cabeça e respire fundo! 102
65 Faça o que tem de fazer ou então esqueça 103
66 Afirmações e visualizações 105
67 A iluminação 107
68 Meditação transcendental 109
69 Anime-se: a vida é mais divertida do que nós pensamos 110
70 Música 112
71 O oposto da depressão é a expressão 114
72 Gratidão 115

PARTE IV – E o processo de cura continua...
73 A cura já começou 118
74 Paciência 119
75 Pense grande, mas não muito 120
76 A cura tem seus altos e baixos 121
77 Busque apoio nos outros 122
78 O benefício de compartilhar experiências 123
79 Programas de recuperação 124
80 Elogie-se 126
81 O processo de cura pode ser demorado 127
82 Seja carinhoso com você mesmo 128
83 Encare os problemas como desafios criativos 129
84 Procure ser bem tratado 130
85 Os relacionamentos podem mudar 131
86 Aproveite o que é bom 132
87 Em paz com a depressão 133
88 A sociedade e a depressão (boas notícias) 134
89 Sendo generoso com os outros 135
90 Obrigado por nos acompanhar nesta jornada 136

Como melancólico assumido, posso garantir que o melhor,
talvez único, remédio para melancolia é a ação.
Mas, como a maioria dos melancólicos, sou também preguiçoso.

EDWARD ABBEY, ensaísta

Ouvi dizer que, na Antigüidade,
as pessoas chegavam aos 100 anos.
Hoje estamos exaustos aos 50. Será que é porque
as coisas mudaram ou a culpa é nossa?

SU WEIN, ano 4500 a.C.

PARTE I

ENTENDENDO A DEPRESSÃO

Nesta parte do livro, respondemos às perguntas básicas sobre o estado depressivo: o que é depressão, qual é a sua causa, como ficamos depressivos e como nos curamos?

1

Você não está só

- Estima-se que 15 a 20% da população mundial, em algum momento da vida, sofre de depressão.
- A depressão é mais comum em pessoas com idade entre 24 e 44 anos. A ocorrência em mulheres é o dobro do que em homens. (Não se sabe se é porque elas têm mais propensão ou porque os homens costumam negar que têm depressão.)
- Pessoas com mais de 65 anos têm duas vezes mais chances de entrar em depressão do que o restante da população.
- A depressão em suas várias manifestações (insônia, fadiga, ansiedade, estresse, dores e aflições indefinidas) é um dos distúrbios emocionais mais comuns.
- A depressão é um dos maiores problemas de saúde pública. Ela é epidêmica e está aumentando.

Tenho sentido tudo o que sempre observei em meus pacientes – há dias em que me sinto ligeiramente deprimido.

FREUD, criador da Psicanálise

2

Se precisar, procure ajuda imediatamente

- Se você acha que precisa de ajuda, não tenha dúvida. Ligue para o seu médico.
- Se você tem tendências suicidas e se sente inseguro, entre em contato com seu médico ou com o Centro de Valorização da Vida (CVV) de seu estado ou com a emergência do hospital público mais próximo. (A questão do suicídio está no capítulo 17.)
- Você também deve procurar ajuda imediatamente, caso...
  – se sinta "caindo aos pedaços".
  – perceba que está "descontrolado".
  – esteja a ponto de tomar uma atitude da qual mais tarde pode se arrepender.
  – passe a beber, se drogar ou tomar outros estimulantes.
  – se sinta solitário, sem ter ninguém a quem procurar.
- Não é hora de bancar o "corajoso" e tentar resolver sozinho a situação. Na verdade, buscar ajuda exige muita coragem.

Eu estava bem mais distante da praia do que você imaginava,
e não estava acenando, mas afundando.

STEVIE SMITH, poeta

3

Não é preciso sofrer

- Se tratadas, mais de 80% das pessoas com depressão podem se curar.
- Na maioria dos casos, o tratamento é composto por remédios (naturais ou sintéticos) e terapia (10 a 20 sessões).
- O tratamento da depressão é relativamente barato, mas, seja qual for o custo, é mais do que compensador se você considerar a melhoria para a saúde, o aumento de produtividade, a eficiência, a alegria de viver e a qualidade de seus relacionamentos.
- Sim, a vida terá sempre suas dificuldades e fases de má sorte – e isso machuca. Mas não precisa ainda por cima curtir uma depressão.

A dor é inevitável. O sofrimento é opcional.

M. KATHLEEN CASEY, poeta

4

"Não agüento mais!"

- As expressões mais usadas pelas pessoas depressivas são "Chega!", "Agora basta" e "Não agüento mais".
- Nós sabemos que a simples sugestão de um tratamento antidepressivo ("Que tal procurar um médico ou psiquiatra especializado em depressão?") pode parecer assustadora ou mesmo mais um problema para a sua já tão complicada vida. Nada disso. O tratamento vai diminuir o peso que você sente.
- Grande parte das pessoas reage rapidamente ao tratamento. Não estamos dizendo que você vai se sentir ótimo do dia para a noite, mas é certo que a sensação de estar sobrecarregado, cansado e oprimido deve diminuir em poucas semanas.
- O tratamento para a depressão não *leva* tempo – ele *dá* tempo.

No momento, sou a pessoa mais infeliz do mundo.
Se o que sinto fosse distribuído por todos os seres humanos,
não existiria uma só pessoa alegre no mundo. Não sei
se vou melhorar. Acho que não. É impossível continuar assim.
Ou bem morro ou melhoro.

ABRAHAM LINCOLN,
presidente dos Estados Unidos que sofreu
de depressão por quase toda a vida adulta

5

"Por que se preocupar?"

- A pergunta acima é outro sintoma comum da depressão. Veja a frase de Hamlet, personagem-título da peça de Shakespeare: "Ultimamente, não sei por que, perdi toda a alegria, desprezei o hábito de me exercitar e tudo pesa tanto na minha disposição que este grande cenário, a Terra, me parece um promontório estéril."
- Dúvidas como "Quem se importa?", "O que adianta?" e "Para que se incomodar?" passam pela cabeça da pessoa com depressão.
- Infelizmente, esses *sintomas* podem não ser suficientes para que a pessoa procure tratamento. E é aí que o círculo vicioso se instala: quanto mais depressiva, mais a pessoa acha que não vale a pena viver e, portanto, acaba não buscando ajuda profissional.
- A depressão é uma doença que tira o sentido da vida. É preciso se curar para recuperar o entusiasmo, o bem-estar e a certeza de que existe um sentido para a vida.

A sensação de que nada vale a pena faz as pessoas ficarem doentes e infelizes.

HAROLD W. DODDS, médico

6

Não é culpa sua

- Você não fez nada para ficar deprimido.
- Seu fracasso em obter algo não é a causa de sua depressão.
- Se você está deprimido, não deve se culpar nem se sentir culpado. (Embora esses sejam os dois principais sintomas da depressão.)
- A depressão é uma *doença*. Você tem tanta culpa por ter depressão quanto por ter asma, diabetes, doença do coração ou qualquer outra coisa.
- A predisposição para a depressão pode ser hereditária.
- Portanto, não é sua culpa.

Macbeth: *Não pode o senhor medicar a mente enferma, extrair da memória qualquer mágoa arraigada, apagar o sofrimento do cérebro e, com um doce antídoto do esquecimento, limpar o peito de todo o perigo que pesa sobre o coração?*
Médico: *Esse remédio, só o paciente pode dar a si mesmo.*

SHAKESPEARE, trecho de *Macbeth*

7

Não é culpa de ninguém

- Não é culpa de seus pais (nem de seus avós, bisavós ou trisavós...)
- Não é culpa da pessoa com quem você é casado ou com quem se relaciona.
- Não é culpa dos seus filhos.
- Não é culpa do seu chefe.
- Não é culpa de Deus.
- Não é culpa de ninguém.
- Um dos sintomas da depressão é se sentir vítima das circunstâncias. Muita gente prefere acreditar que está *oprimida*, em vez de *deprimida*.
- Embora grave, a depressão é apenas uma doença que pode ser facilmente tratada.
- Não importa a origem de sua depressão. O importante é tratá-la.

As pessoas deveriam saber que o cérebro é responsável
tanto pela alegria, encantamento e riso
quanto pela tristeza, melancolia e dor.

HIPÓCRATES, o pai da Medicina

8

O que é depressão?

- Neste livro, procuramos não usar termos técnicos e jargões médicos. Mas é importante conhecer alguns conceitos.
- Quando falamos em depressão, estamos nos referindo à depressão clínica, uma doença que exige ajuda médica, e não à dor que sentimos após uma perda.
- A depressão é uma doença que tem tratamentos muito eficientes.

A maior liberdade do ser humano é escolher o que fazer em cada situação e definir o seu próprio caminho.

VIKTOR FRANKL, médico

9

Os três tipos principais de depressão

Depressão grave. Como a gripe, a depressão tem um princípio, um meio e um fim. Mas existem casos que podem durar meses e, se não forem bem tratados, podem voltar. Sempre que ocorre uma recaída, a depressão pode durar mais tempo e ser mais forte do que a anterior.

Depressão crônica. É um tipo de depressão leve e de longa duração. Muitas pessoas se sentem assim por quase toda a vida. É uma desordem da emoção, também chamada de distimia (*dis* significa desordem e *timia* humor).

Transtorno bipolar. Nesse caso, a pessoa passa de um pólo (melancolia) a outro (euforia) de maneira imprevisível, alternando a depressão com dias de excitação, pensamentos grandiosos e atos inadequados e, às vezes, destrutivos. Também é conhecido como psicose maníaco-depressiva. Esse transtorno se diferencia da depressão grave, unipolar, em que o humor da pessoa se mantém constante: sempre em baixa.

- Falaremos em outros tipos de depressão depois. Por enquanto, vamos enfrentar a pergunta que importa: "Será que estou com depressão?"

A intensa agonia da depressão é assustadora. Mas mesmo a euforia, que parece atraente por um momento, é igualmente assustadora. Você é muito mais do que consegue imaginar.

JOSHUA LOGAN

10

Os sintomas da depressão

- Após uma cuidadosa avaliação, o Instituto Nacional de Saúde dos Estados Unidos elaborou uma lista com os principais sintomas da depressão:
  - Tristeza ou sensação persistente de "vazio".
  - Falta de interesse ou prazer nas atividades comuns, inclusive sexo.
  - Diminuição de energia, sensação de fadiga e de estar "mais lento".
  - Distúrbios do sono (insônia, acordar cedo demais ou dormir demais).
  - Distúrbios de alimentação (perda de apetite, emagrecimento ou ganho de peso).
  - Dificuldade de concentração, lembrar, tomar decisões.
  - Sentimento de culpa, de desvalorização, de desamparo.
  - Pensar em morte ou suicídio.
  - Irritabilidade.
  - Chorar demais.
  - Dores crônicas que não reagem a tratamento.

- Os sintomas da depressão no local de trabalho:
  - Queda da produtividade.
  - Problemas morais.
  - Falta de cooperação.
  - Problemas de segurança e acidentes.
  - Faltas ao trabalho.
  - Sensação de estar sempre cansado.
  - Reclamações de dores sem explicação.
  - Beber demais ou consumir drogas.

- Sintomas do transtorno bipolar:
  - Excesso de "animação".
  - Irritabilidade.
  - Diminuição da necessidade de sono.
  - Aumento de energia e atividade.
  - Falar demais, fazer coisas demais, excesso de atividade sexual.
  - Pensamentos acelerados.
  - Incapacidade de tomar decisões.
  - Mania de grandeza.
  - Falta de concentração.

Este é um tempo em que nos sentimos derrotados
e tristes sem saber o motivo; quando o passado parece
devastado por uma tempestade, a vida parece uma vaidade
e um peso e o futuro, apenas um caminho para a morte.

MARK TWAIN, escritor

11

Você está com depressão?

- Segundo o Instituto Nacional de Saúde dos Estados Unidos, quem sente quatro ou mais sintomas depressivos há mais de duas semanas e acha que isso está interferindo no trabalho ou na vida familiar está em estado de depressão.
- Os sintomas descritos no capítulo anterior não "fazem parte da vida". Na verdade, eles podem ser prejudiciais à sua vida. Por isso, é recomendável consultar um médico especializado no diagnóstico e no tratamento da depressão.
- Em geral, os sintomas diminuem em poucas semanas de tratamento. Por favor, converse com seu médico. (E continue a ler este livro!)

Você só se torna um pessimista quando é derrotado em sua luta contra a depressão.

E. M. CIORAN, filósofo

12

Você pode estar deprimido e não "se sentir deprimido"

- A depressão é usada para definir muitas experiências diferentes.
- Muitas pessoas que sofrem de depressão ficam tristes, desapontadas e preocupadas. Mas também é possível sentir todas essas emoções e não estar clinicamente deprimido.
- A dor da perda faz parte do processo natural de cura, não é sinal de depressão clínica. Se o sofrimento ficar insuportável ou durar tempo demais, isso significa que a perda pode ter provocado uma depressão do tipo melancólica. Quando o luto pelo falecimento de alguém se transforma em melancolia, é hora de procurar o médico.
- Os sintomas da depressão clínica incluem insônia, distúrbios alimentares, dores físicas e dificuldades para se concentrar, para se lembrar das coisas ou para tomar decisões.
- Se você não sabe se está deprimido ou apenas "na fossa", é melhor procurar um médico especialista para ter um diagnóstico preciso.

Eu me escondi das pessoas, embora essa jamais fosse a minha intenção. Virei prisioneiro de mim mesmo e me isolei em uma prisão – agora não consigo encontrar a chave para me libertar.

NATHANIEL HAWTHORNE, escritor

13

Procurar tratamento não demonstra falha de caráter

- Devido ao estigma da depressão, muitas pessoas acham que procurar tratamento demonstra algum tipo de falha de caráter, de falta de determinação, de disciplina, de bom senso ou mesmo de força de vontade.
- Não se trata disso. Buscar ajuda para uma doença (*qualquer doença*) não é sinônimo de fraqueza mental, física, psicológica ou moral. Muito pelo contrário – é preciso muita coragem para admitir que algo esteja errado.
- O mais sensato é buscar aconselhamento e orientação profissional.

O pessimista constrói prisões imaginárias.

WALTER WINCHELL, jornalista

14

A incapacidade de sentir alegria

- "Às vezes, a depressão é só uma incapacidade de sentir alegria ou uma sensação de monotonia, falta de coragem, abatimento, desânimo e energia", escreveu em 1902 o pai da Psicologia americana, William James.
- A palavra anedonia, cuja origem vem do grego (*an* significa não; *hedone*, prazer), foi sugerida pelo professor Ribot para definir a incapacidade de sentir prazer ou divertir-se.
- A anedonia invariavelmente inclui a censura ao desejo, a confusão de valores, a falta de crescimento interior e de realização pessoal.
- Se já faz algum tempo que você não desfruta da vida (ou não consegue associar nada às palavras alegria e prazer), isso pode indicar que você está com uma depressão.

Uma velha piada mostra duas velhotas, de férias, conversando:
– Puxa, mas a comida deste hotel é realmente horrorosa.
E a outra concorda.
– E ainda por cima é pouca.
– Bom, é assim que eu me sinto em relação à vida.

WOODY ALLEN, cineasta

(diálogo de abertura do filme *Noivo neurótico, noiva nervosa*)

15

Outros tipos de depressão

- Além dos três tipos principais de depressão que descrevemos no capítulo nove (depressão grave, crônica ou maníaco-depressiva), existem outras variações:

Desordem afetiva sazonal. No hemisfério norte, a depressão está associada à redução de horas de luz no inverno. (Não é por acaso que as pessoas costumam viajar para lugares ensolarados durante o inverno.) A instalação de uma luz fluorescente em casa e no local de trabalho pode ser a solução.

Depressão pós-parto. Mais da metade das parturientes sente certa melancolia, sendo que uma em cada 10 desenvolve um estado depressivo. A depressão pós-parto parece ser causada pelas vulnerabilidades hormonais, psicológicas e emocionais dessa fase. Se ela se prolongar por mais do que algumas semanas, é melhor conversar com o médico.

Depressão atípica. Nesse caso, em vez de dormir menos, a pessoa dorme mais; em vez de emagrecer, ela engorda; em vez de ter pouca energia, ela fica muito agitada. Quem tem depressão atípica tende a ficar *extremamente* sensível à rejeição.

Depressão dupla. É a situação em que a pessoa com depressão crônica tem ao mesmo tempo uma depressão grave. Como já dissemos, as condições crônicas podem durar anos, até décadas, enquanto as graves têm começo, meio e fim. Quando as duas ocorrem ao mesmo tempo, trata-se de uma depressão dupla.

- Por favor, não use as descrições acima para classificar e diagnosticar o que você ou outra pessoa que você conhece sente. Nosso objetivo é apenas informar os tipos de depressão que existem.
- Só um médico ou psiquiatra experiente pode determinar que tipo de depressão você tem.

Os dias estão pesados. Não há fogueira que consiga me aquecer nem raio de sol que me faça rir. Tudo é desprezível, frio e cruel. Até as amadas e lindas estrelas parecem desoladamente tristes.

HERMAN HESSE, escritor

16

Adie as decisões importantes, pois a depressão altera sua capacidade de avaliação

- É importante lembrar que, quando estamos com depressão, não percebemos o mundo e a nós mesmos de forma adequada.
- Assim, avaliações, decisões e julgamentos podem ficar distorcidos. Qualquer deliberação importante deve esperar até que a depressão comece a diminuir.
- O medo do prazer é a chave para os sentimentos crônicos de enfado, tensão, fadiga e frustração. Ele é ainda mais presente nas pessoas que não se permitem desfrutar a vida.
- Se você acha que está deprimido, procure um médico. Se o diagnóstico se confirmar, faça o tratamento recomendado.

Só em águas tranqüilas podemos ver as coisas sem distorções.
Só uma mente tranqüila consegue ter uma
percepção adequada do mundo.

HANS MARGOLIUS, filósofo

17

O risco do suicídio

- É muito comum uma pessoa depressiva pensar em se matar.
- Infelizmente, 15% das pessoas com depressão cometem suicídio.
- Se esse tipo de pensamento sombrio já passou pela sua cabeça, ligue imediatamente para o Centro de Valorização da Vida (CVV), para seu médico ou para um amigo, mas não peça ajuda – diga: "Quero me suicidar. Por favor, faça alguma coisa."
- À medida que a depressão diminui, os pensamentos suicidas desaparecem e a alegria de viver aos poucos vai ressurgindo.
- Mas não esqueça que a vida vai continuar tendo altos e baixos e a dose habitual de tristeza, raiva, medo e outras emoções negativas. O importante é entender que, ao tratar a depressão, o suicídio deixa de parecer uma "solução".

A desesperança causada por alguma artimanha que a psique aplicou no cérebro doente se parece com o desconforto infernal de estar preso em uma sala terrivelmente quente. Como nenhuma brisa sopra nesse caldeirão, e não há saída desse lugar sufocante, é natural que a vítima comece a pensar em morrer.

WILLIAM STYRON, escritor

18

O poder do pensamento positivo não é páreo para a depressão

- Por mais forte que seja o pensamento positivo, a depressão interfere biologicamente na capacidade de o cérebro manter uma visão positiva de qualquer situação. Como o agricultor que tenta semear no deserto, nenhuma idéia útil ou construtiva tem chance de frutificar em uma mente deprimida.
- "Há alegrias que nos pertencem desde sempre. Deus envia 10 milhões de verdades que passam por nós como pássaros em busca de um abrigo, mas nós as rejeitamos, então elas pousam, cantam um pouco no telhado e voam para longe", disse Henry Ward Beecher.
- A depressão nos fecha para o mundo.
- Pessoas exageradamente positivas e animadas podem tornar uma pessoa depressiva ainda mais depressiva. Não tente motivar quem está deprimido dizendo "Anime-se!". É inútil.
- Quando as idéias não estão muito claras, como ocorre em uma depressão, o tratamento médico é a base para que os pensamentos positivos possam germinar.

Todos os dias, de todas as formas, as coisas estão cada vez piores.

WILLIAM F. BUCKLEY, JR., escritor

19

Deus e depressão

- Usamos aqui a palavra Deus no sentido mais amplo possível. Por favor, use o nome mais adequado à sua crença.
- Há muitas interpretações incorretas no que diz respeito a Deus e a depressão. Entre eles:
  - A depressão é um castigo de Deus.
  - Buscar ajuda médica para acabar com a depressão é duvidar da capacidade curativa de Deus.
  - Se "sofrermos bastante", Deus vai gostar de nós.
  - A depressão é uma doença do espírito e o único tratamento seria a intervenção direta de Deus.
- Na verdade (ou, pelo menos, parece uma verdade para nós, autores), Deus e Sua bondade existem e se manifestam de muitas formas. Entre elas, devemos incluir a ciência e todas as profissões que buscam a cura. Deus se manifesta de formas misteriosas; os psiquiatras são apenas uma delas.
- A grande maioria que se trata adequadamente da depressão descobre um aumento na fé, na ligação espiritual e na percepção da bondade divina.
- O tratamento da depressão é uma dádiva de Deus.

Quando digo "Meu pé tropeçará", o Teu amor, Senhor,
me sustenta; quando as preocupações se multiplicam em mim,
as Tuas consolações me deleitam.

SALMO 94:18-19

20

O que causa a depressão?

- A depressão é provocada por um desequilíbrio bioquímico no cérebro e um desequilíbrio psicológico no pensamento.
- A combinação do desequilíbrio biológico com a distorção psicológica causa a depressão.
- A depressão pode ser iniciada por uma série de fatores: predisposição genética, luto, trauma de infância, estresse, doença séria, dificuldades financeiras, relacionamentos problemáticos, alcoolismo ou drogas.
- Da mesma forma que os sintomas de depressão são variados, as causas também são. Acontecimentos tristes podem causar depressão, mas há quem fique deprimido sem um motivo aparente.

Esperança é a sensação que se tem de que o que estamos sentindo não vai durar para sempre.

JEAN KERR, escritora

21

Os mensageiros do cérebro

- O cérebro humano é o mais intricado, complexo e extraordinário centro de comunicação do mundo. Dez bilhões de células cerebrais transmitem bilhões de mensagens por segundo. E, como disse Alan Watts, "o cérebro faz tudo isso sem pensar".
- Os mensageiros bioquímicos dessa comunicação são chamados neurotransmissores.
- Quando os neurotransmissores estão em equilíbrio, o cérebro funciona harmoniosamente. Embora sintamos os altos e baixos da vida, o sentimento geral é de bem-estar, confiança e segurança. Temos esperança, propósito e direção.
- Há dezenas de neurotransmissores diferentes, mas as pesquisas indicam que o desequilíbrio de alguns deles (especialmente a serotonina, a norepinefrina e a dopamina) pode ser uma das causas da depressão.
- Neurotransmissores em excesso também são problemáticos, pois podem causar a fase maníaca do transtorno bipolar.
- Os remédios antidepressivos promovem o equilíbrio dos neurotransmissores. Com isso, o cérebro volta a funcionar normalmente e a sensação de bem-estar retorna.

Talvez o futuro nos ensine a influenciar diretamente a mente por meio de determinadas substâncias químicas e também a partir do aumento de energia e sua distribuição na organização da mente. Talvez existam outras possibilidades de terapia que ainda não foram imaginadas.

FREUD, criador da Psicanálise

22

A mente e os pensamentos negativos

- Pensamentos negativos têm um papel importante na depressão. Podem se tornar um mau hábito e, para algumas pessoas, um vício.
- Eis os pensamentos negativos mais comuns:
  - Eu não presto.
  - Ninguém me entende.
  - A vida é injusta.
  - Não tenho coragem de fazer isso.
  - Como eles ousam fazer isso comigo?
  - Detesto quando...
  - Tenho medo que...
  - Sou um fracasso.
- Esses pensamentos negativos podem levar aos seguintes excessos:
  - Comer demais
  - Consumir drogas
  - Beber demais
  - Fumar
  - Viciar-se em jogos
  - Praticar pequenos furtos em lojas
  - Ter compulsões sexuais
  - Trabalhar como um workaholic
- Padrões comuns de pensamentos negativos e comportamentos autodestrutivos podem causar ou piorar uma depressão.

É difícil lutar contra um inimigo que instalou posições avançadas em sua cabeça.

SALLY KEMPTON, professora de meditação

23

O que vem primeiro?

- O.k. Todo mundo já sabe que a depressão se manifesta por um desequilíbrio bioquímico no cérebro e por pensamentos negativos. Mas onde ela começa? Qual é a origem da depressão?
- O que se sabe é que o desequilíbrio nos neurotransmissores pode contribuir para pensamentos e comportamentos negativos. E o inverso também é verdadeiro: pensamentos e comportamentos negativos podem contribuir para a diminuição dos neurotransmissores. Na verdade, não tem importância identificar o sintoma original. O que *importa* é como curar a depressão.
- Os remédios antidepressivos ajudam a restaurar o equilíbrio dos neurotransmissores no cérebro. E certas terapias de curta duração (sobretudo as do tipo cognitivo e interpessoal) ensinam novas maneiras de pensar e agir.
- Cada pessoa busca a cura por um caminho. Nós sugerimos que você considere as duas opções. Juntar terapias parece ter tido sucesso no tratamento da depressão.

Todo excesso causa uma deficiência; toda deficiência, um excesso.

EMERSON, escritor e filósofo

24

A depressão pode ser hereditária e "contagiosa"

- A depressão é uma doença que pode ser passada de pai para filho.
- Conviver com alguém que tem depressão crônica é muito desgastante. Os amigos e os familiares sentem dor, culpa, medo, cansaço e acabam ficando mais vulneráveis à depressão. Russell Baker observou: "A depressão gosta de companhia, por isso insiste em deprimir as pessoas mais próximas."
- A depressão é uma ótima desculpa para não nos responsabilizarmos por nossa própria felicidade. A baixa auto-estima nos leva a ter pena de nós mesmos.
- Você precisa parar de reclamar. Não vale a pena ficar se comparando com a imagem idealizada que está em sua cabeça. Você tem grandes reservas internas de amor, criatividade e inteligência para compartilhar com os outros.

Fui expulso de uma clínica de recuperação porque estava deprimindo os outros pacientes.

OSCAR LEVANT, pianista

25

A depressão relacionada à idade

- A depressão pode ocorrer em qualquer idade: crianças pequenas, adolescentes ou idosos – vale para todo mundo.
- Muitas crianças têm depressão clínica, mas nem sempre recebem o diagnóstico correto e o tratamento indicado. O comportamento conhecido como transtorno do déficit de atenção e hiperatividade (TDAH) é muito comum em crianças com dificuldade de concentração, mas ele pode também mascarar a depressão.
- Pesquisas mostram que um em cada 20 adolescentes sofre de depressão. Alterações hormonais, crise de identidade, pressão social e o aumento de responsabilidade por estar chegando à idade adulta são fatores que podem contribuir para essa condição.
- A geração entre 18 e 30 anos tem mais consciência ecológica do que as anteriores – é compreensível que sua insatisfação aumente as chances de surgirem casos de depressão.
- Já a geração de *baby boomers* (alguns na faixa dos 40 anos, outros na dos 50 anos e a maioria se recusando a dizer a idade) também está em crise, entre outras razões porque – como Peter Pan na Terra do Nunca – percebeu que a juventude não é eterna e que a vida tem aquele pequeno detalhe desagradável: a morte. Tudo isso leva a um estado de melancolia.
- Pessoas com mais de 65 anos têm duas vezes mais probabilidade de sofrer de depressão. Muitos idosos acham que estão vivendo os primeiros estágios de senilidade ou da doença de Alzheimer, mas, na verdade, podem estar apenas deprimidos.
- Com freqüência, os sintomas de depressão – de dores no corpo à perda de memória – são descartados como "coisas da idade". Embora certos problemas físicos e mentais sejam, de fato, relacionados à idade, também podem ser sintomas de depressão e, por isso, deveriam ser avaliados por um médico.

- O que não é normal é se sentir infeliz todos os dias apenas porque está envelhecendo.

Ninguém fica velho apenas porque vive muito.
As pessoas envelhecem porque desistem de seus ideais.
O tempo enruga o rosto, mas a falta de entusiasmo enruga a alma.
Preocupação, dúvida, interesse, medo, desespero – é esse
o peso que faz arquearem as costas e o espírito desistir de viver.

WATTERSON LOWE

26

O clube do "Isso não é terrível?"

- Uma pessoa raramente experimenta os sentimentos associados à depressão (desespero, medo, raiva, mágoa ou incapacidade de sentir prazer) sem procurar por um motivo.
- Tudo leva a culpa pelos sintomas da depressão, menos a própria depressão. As pessoas, em geral, procuram a causa da depressão em si mesmas (internamente) ou externamente.
- No primeiro caso, as pessoas costumam sentir culpa e vergonha – e fazem autocríticas impiedosas. No segundo caso, cotumam ficar zangadas, beligerantes, arrogantes e destrutivas (às vezes até fisicamente) – e reclamam muito, em geral para outras pessoas deprimidas.
- Os sócios do clube "Isso não é terrível?" têm o hábito de se reunir em bares no final do expediente para colocar em prática a regra número 1 da associação: "Você me conta seus problemas, mas tem de ouvir os meus." Não se sabe bem o porquê, mas os bares chamam esse horário de *happy hour* (hora feliz).
- A culpa inadequada, seja ela interior ou exterior, ajuda a aumentar a depressão.

Eu tenho a impressão de que a linguagem foi desenvolvida por causa da nossa profunda necessidade de reclamar.

JANE WAGNER

27

Dor física e depressão

- Além do sofrimento emocional, a depressão pode também causar dor física.
- A dor física pode ser tanto o sintoma quanto a causa da depressão.
- Algumas pessoas sentem a depressão *fisicamente* e só depois no plano emocional ou mental.
- Por outro lado, a dor proveniente de algum acidente ou doença (artrite, problemas de coluna, queimaduras, câncer, aids) pode levar à depressão. Biologicamente, a dor crônica pode esgotar a quantidade de neurotransmissores no cérebro.
- Para piorar a situação, a depressão pode baixar o limiar da dor, fazendo com que ela ocorra com mais freqüência e mais intensidade.
- A dor é um sinal do corpo de que algo precisa de atenção e cuidado. Não é uma coisa "inventada pela sua cabeça".
- Toda dor é real e precisa ser tratada. Entre em contato com o seu médico.

Misteriosamente e de uma maneira totalmente diferente da normal, a escuridão provocada pela depressão assume a forma de uma dor física.

WILLIAM STYRON, escritor

28

A depressão afeta a duração e a qualidade da vida

- Os sintomas da depressão mencionados no capítulo 10 não entrariam na lista do que consideramos "qualidade de vida".
- Muitas pessoas com depressão produzem uma quantidade excessiva do hormônio cortisol. Quando isso ocorre, o sistema imunológico fica debilitado e o corpo mais suscetível a doenças infecciosas.
- Quem alega ter uma "saúde ruim" pode ter pura e simplesmente depressão.
- Como num círculo vicioso, a depressão pode tornar crônica a doença que ajudou a depressão a se instalar. É difícil saber o que veio primeiro, mas é nítido como uma doença alimenta a outra e, assim, abrevia a vida.
- As pessoas que têm alguma doença crônica devem conversar com o médico para saber se não sofrem também de depressão.

Pensamentos negativos adoecem o corpo.

LUTERO, líder religioso

29

A depressão é a maior causa do alcoolismo, das drogas e de outros vícios

- A depressão pode ser a porta de entrada para inúmeros males emocionais, mentais e físicos.
- O álcool é a automedicação mais usada pelas pessoas para anestesiar a depressão. É fácil de comprar e é aceito socialmente. Como o álcool é um depressivo químico, após um breve efeito de euforia, ele piora a depressão.
- Todos os tipos de remédios (legais, ilegais e que exijam ou não receita médica na compra) podem ser usados de forma inadequada por quem está depressivo na tentativa de entorpecer determinados sintomas.
- Estimulantes, calmantes, anestésicos, tranqüilizantes – nenhum deles cura a depressão. Na verdade, podem piorá-la.
- Nada contra beber socialmente, tomar um remédio receitado pelo seu médico ou outras substâncias com propósito terapêutico ou recreativo. Estamos apenas ressaltando que, mesmo quando usada com a melhor das intenções, qualquer substância pode ser ingerida em excesso por quem está depressivo. E isso não é bom.
- O cigarro é estimulante e, ao mesmo tempo, depressivo. Muito usada para regularizar o humor (melhorar, acalmar, ou ambas as coisas), a nicotina é uma das substâncias que mais viciam, sendo que os efeitos tóxicos do fumo são graves e provocam 500 mil mortes por ano só nos Estados Unidos.
- Mesmo que o hábito de fumar curasse a depressão (o que não é verdade) e não aumentasse a depressão (o que é verdade), só os efeitos colaterais já o eliminariam como alternativa.
- Pesquisas recentes mostram que os fumantes têm três vezes mais chances de ficar deprimidos do que os não-fumantes. Se a depressão latente não for tratada, parar de fumar torna-se quase impossível.

- As pessoas fazem qualquer coisa na tentativa de evitar a depressão, por isso acabam se excedendo na comida, no sexo, no trabalho, no lazer e até no romance e na religião.
- Qualquer coisa pode se tornar uma compulsão, um comportamento sem alegria e impulsivo. O que aparentemente parece bom e positivo pode se tornar um disfarce para a depressão e acabar piorando a situação.
- Certamente há pessoas compulsivas que não são depressivas e depressivas que não possuem compulsões graves.
- Se você tem algum "mau hábito", verifique com seu médico se não está com depressão.

O alcoolismo e as drogas estão muito ligados à depressão.
A busca de euforia às vezes começa nas profundezas.

NATHAN S. KLINE, médico

30

Depressão e distúrbios alimentares

- A depressão pode estar na origem dos distúrbios alimentares, assim como os distúrbios alimentares podem contribuir para a depressão.
- Conheça os distúrbios alimentares mais comuns:
  - Anorexia nervosa: caracterizada por emagrecimento extremo, imagem distorcida do corpo e pavor de engordar.
  - Bulimia: consiste em comer demais e depois vomitar ou tomar laxantes. Existem pessoas bulímicas que também têm anorexia nervosa.
  - Obesidade: causada pela ingestão excessiva de alimentos.
- Pesquisas mostram que três em cada quatro bulímicos têm depressão. Tratá-la é importante para resolver o distúrbio alimentar.
- O distúrbio alimentar é uma doença. Não tem nada a ver com falta de força de vontade, de personalidade ou de disciplina.

Quem tem muita fome de alegria é capaz de engolir toda e qualquer coisa que lhe seja oferecida.

ALICE CALDWELL RICE, escritora

31

Insônia e outros problemas do sono

- A maior parte das pessoas com depressão tem algum problema de sono. O mais comum é a insônia. Por isso os deprimidos costumam dizer aos médicos: "Nem lembro quando tive uma boa noite de sono."
- Existem três tipos de insônia:
  - Dificuldade de adormecer.
  - Dificuldade de ter um sono sem interrupção, também chamado de "despertar intermitente".
  - Despertar no meio da noite e não conseguir mais dormir.
- No outro extremo fica a sonolência excessiva, quando a pessoa dorme entre 10 e 14 horas por noite e ainda tira cochilos de dia.
- Tanto a insônia quanto a supersonolência são sinais de depressão.
- Infelizmente, a insônia causada por depressão às vezes é erradamente tratada com comprimidos para dormir que, além de não resolverem nada, ainda podem piorar a situação. Quem toma regularmente comprimidos para dormir deve conversar com o médico para ver se está com depressão.

No lado sombrio da alma são sempre
três horas da madrugada – dia após dia.

F. SCOTT FITZGERALD, escritor

32

Cansaço

- O sintoma de depressão que os médicos ouvem com mais freqüência é o cansaço, cujas causas podem ser físicas ou mentais (mononucleose, hepatite, excesso de trabalho, tédio profundo).
- Quando o cansaço é persistente, a depressão não deve ser descartada.
- O cansaço é mais do que um sinal de que o corpo precisa de descanso. Muitas pessoas dormem a noite inteira, mas acordam cansadas, e isso acaba limitando as horas produtivas no dia.
- Adiar compromissos e ter dificuldades para se concentrar ou manter a motivação costumam ser manifestações de cansaço.
- A depressão também causa cansaço mental. A mente fica "cansada" e com dificuldade de pensar, concentrar-se ou tomar decisões.
- O cansaço emocional costuma se manifestar na sensação de "Não agüento mais" e "Me deixa sozinho", ou com irritabilidade e retraimento.
- Para muitos, o tratamento contra a depressão pode fazer o cansaço desaparecer.

A falta de sono me deixava arrasado e com uma sensação de frustração. Não havia nada que eu pudesse fazer. Eu estava convencido de que havia sido amaldiçoado e que meus esforços estavam fadados ao fracasso.

PERCY KNAUTH, escritor

33

A depressão destrói os relacionamentos

- A depressão prejudica a capacidade de dar e receber afeto, de amar e ser amado.
- A depressão pode interferir muito em todos os relacionamentos – com amigos, colegas de trabalho, chefes, empregados, filhos, pais, cônjuges, namorados e até na relação com você mesmo, com a religião, com a vida.
- Os relacionamentos com as pessoas espelham como nos sentimos. Se você está tendo dificuldades, pode estar com problemas – e um deles pode ser depressão.
- Um sintoma comum de depressão é o medo de cometer erros e de sentir-se inadequado. As pessoas depressivas sentem vergonha, inadequação e culpa. As que buscam motivos externos para justificar sua depressão costumam se sentir vítimas do casamento, do emprego ou de outros relacionamentos.

É incrível que tantas pessoas vivam sem perceber que seus sentimentos em relação aos outros são fortemente marcados pelo que sentem por si mesmas. Quando não nos sentimos confortáveis com nós mesmos, não conseguimos ficar à vontade com os outros.

SYDNEY J. HARRIS, escritor

34

Romantizando a depressão

- Embora a depressão seja uma doença antiga, até a década de 50 quase não existiam tratamentos eficazes para curá-la. Para se ter uma idéia, *O homem que estava cansado da vida* é o título de um poema escrito em 1990 a.C.
- O que poetas e filósofos podem fazer quando sofrem de um mal que não tem tratamento? Romantizá-lo, é claro. Assim surgiu a crença de que a depressão era essencial para o amadurecimento do ser humano.
- O escritor Lawrence Durrell disse: "Hoje espera-se que todo artista seja um pouquinho infeliz; está na moda." Robert Burton, outro escritor, afirmou em 1621 que "nada era tão delicioso quanto a melancolia", enquanto Maurice Maeterlinck poetizou em 1896: "Nosso valor se mede por nossa melancolia e inquietude."
- Certos artistas e intelectuais evitam tratar a depressão; eles temem perder a criatividade. Pode ser difícil lhes mostrar que continuar sofrendo não traz mais sabedoria nem mais criatividade. Pelo contrário, a maior parte das pessoas sente que a criatividade aumenta à medida que a depressão desaparece – exatamente como quando alguém se cura de uma doença grave.

O sofrimento é supervalorizado.

BILL VEECK

35

Sentindo vergonha de ter depressão

- Em vez de romancear a depressão, a grande maioria se sente envergonhada e estigmatizada pelo preconceito de que a doença e seu tratamento são alvos.
- Há quem pense que a depressão é o primeiro passo rumo à loucura; ou que está muito na moda para ser algo sério.
- Muitas pessoas zombam dos tratamentos com antidepressivos como sendo uma moda passageira e fazem comentários jocosos sobre a "personalidade Prozac". (Na verdade, quem foi bem-sucedido no tratamento afirma que passou a se sentir mais seguro de si mesmo.)
- Se alguém acha que a depressão faz parte de sua personalidade ("Eu sou assim mesmo"), é pouco provável que procure diagnóstico e tratamento.
- O grande problema no tratamento da depressão é o não-tratamento.
- Não permita que nenhuma bobagem veiculada pelos meios de comunicação impeça você de procurar diagnóstico, tratamento e cura. A depressão não é motivo de vergonha ou embaraço; é apenas uma doença.

A depressão prejudica mais as atividades físicas e sociais do que a pressão alta, o diabetes, a artrite, os problemas intestinais e respiratórios, as dores nas costas.

JOSÉ M. SANTIAGO, médico

36

Por que a depressão deve ser tratada

- A depressão grave, quando não tratada, pode durar de seis meses a um ano. Depois, some.
- O ciclo de uma depressão grave, ou seja, seu começo, meio e fim, é chamado de surto. Sem tratamento, metade dos casos acaba se repetindo.
- Após dois surtos, as chances de um terceiro são ainda maiores.
- Após três surtos, as chances de uma quarta depressão são de 90%.
- A depressão crônica baixa pode não ter sintomas muito debilitantes, mas ela interfere no trabalho, na vida familiar e em quase todos os demais aspectos da vida. Se não for tratada, pode acompanhar a pessoa durante anos, passando até a fazer parte de sua personalidade.
- Fica difícil para quem tem depressão imaginar outra forma de sentir, pensar ou se comportar. Sem tratamento, a depressão crônica deve continuar e, provavelmente, piorar.
- O transtorno bipolar também pode se tornar permanente se não for tratado. As fases de euforia se tornam mais instáveis e as de melancolia mais dolorosas. As alterações súbitas de um estado a outro ficam mais freqüentes e mais debilitantes.
- Muitas pessoas adiam o tratamento por acharem que a depressão vai "sumir". Isso pode ou não acontecer.
- Como em qualquer doença grave, é sempre prudente procurar tratamento o mais rápido possível. Quanto mais cedo a doença for tratada, mais depressa acabará o sofrimento e a pessoa voltará a viver, amar, desfrutar dos amigos e do trabalho.
- Não adie a sua cura.

A recaída é uma certeza. O que a mente sofreu na semana passada ou no ano passado não se repetirá agora, mas vai acontecer novamente na próxima semana ou no próximo ano. A felicidade não depende de fatos, e sim das idas e vindas da mente.

ALICE MEYNELL, poeta

37

O tratamento da depressão

- Os dois pilares do tratamento da depressão são antidepressivos para o cérebro e psicoterapia para a mente.
- A psicoterapia consiste principalmente em conversar. Não existe "lavagem cerebral" e ninguém vai dizer o que você *tem que* fazer.
- Remédios antidepressivos recuperam os níveis de certos neurotransmissores produzidos naturalmente no cérebro. Eles não adicionam neurotransmissores "sintéticos", apenas equilibram a quantidade produzida pelo organismo.
- Os antidepressivos impedem que o cérebro continue produzindo o neurotransmissor serotonina. Isso faz com que a serotonina volte a seus níveis naturais e o cérebro passe a funcionar harmoniosamente.
- Antidepressivos com essa ação são conhecidos como inibidores de absorção de serotonina.
- Lítio, a principal substância antidepressiva receitada para o transtorno bipolar, é um sal. Seu efeito benéfico foi descoberto em 1949 pelo Dr. John Cade, mas o físico Galeno, que viveu em 200 d.C., já receitava a seus pacientes banhos em fontes alcalinas. O carbonato de lítio (um sal) devia ser absorvido pela pele, pois os pacientes de fato se acalmavam.
- Todo medicamento oferece certo risco e alguns têm efeitos colaterais, mas as vantagens em potencial suplantam os eventuais riscos.

Considerando a grande ligação entre o físico e o mental, podemos imaginar o dia em que os caminhos do conhecimento serão ampliados e direcionados – da biologia orgânica e da química para o campo dos fenômenos neuróticos.

FREUD, criador da Psicanálise

38

Para cada pessoa, um tratamento

- Você pode receber orientação, diagnóstico, conselhos e sugestões de um ou mais profissionais de saúde, mas o tipo de tratamento é uma escolha pessoal.
- Não se comporte como uma ovelha obediente. Procure informar-se, faça perguntas. Sua cura é sua responsabilidade.
- Siga as recomendações médicas e não pare de tomar o antidepressivo quando "se sentir melhor". Se concordar com um determinado número de sessões de terapia, compareça a todas.
- Na medida do possível, aproveite o processo de cura. Se você sofreu de depressão durante muito tempo, pode descobrir em si mesmo riquezas que ignorava ou nem sabia que tinha. Isso pode ser um desafio, mas também uma jornada emocionante.

A felicidade, essa grande mestra-de-cerimônias na dança da vida, nos envolve em seus labirintos e meandros, mas não nos faz passar pelo mesmo caminho.

CHARLES C. COLTON, escritor

PARTE II

CURAR O CÉREBRO

Nesta parte do livro, vamos tratar da origem da depressão – um desequilíbrio bioquímico no cérebro – e dos avanços e estudos médicos que levaram a uma série de tratamentos eficientes para a cura da depressão.

39

Escolhendo um médico

- O único profissional de saúde capaz de *diagnosticar* e *tratar* a depressão é o médico.
- Outras doenças têm sintomas parecidos com os da depressão, ou podem até mesmo ser a causa da depressão, mas o médico é o único profissional que pode fazer o diagnóstico.
- Os psiquiatras são os especialistas habilitados a indicar medicamentos e psicoterapias para pacientes que apresentam problemas no funcionamento do cérebro e da mente.
- Os clínicos gerais também estão se inteirando do tratamento da depressão. O importante é encontrar um médico com quem você se sinta à vontade para confiar os fatos mais íntimos de sua vida.
- O médico que você escolher deve lhe dar apoio emocional, incentivo e orientação. Você precisa sentir que ele se interessa de fato pela sua saúde.
- Pode ser preciso consultar dois ou três profissionais antes de escolher o que lhe parece mais adequado.

Não seja paciente de um médico que não cuida das plantas que enfeitam sua própria sala de espera.

ERMA BOMBECK, humorista

40

O diagnóstico da depressão

- O diagnóstico da depressão é simples.
- É provável que seu médico faça um levantamento de seu histórico familiar e pessoal, pois a depressão tem um componente genético.
- Descreva os fatos cronologicamente. Fale sobre os sintomas de depressão que você acha que tem e sinta-se à vontade para perguntar se o que sente é considerado um sintoma ou não. Responda tudo com o máximo de franqueza e sinceridade.
- O médico deve fazer um exame minucioso para excluir as doenças que têm os mesmos sintomas da depressão. Entre elas, a disfunção da tiróide, a mononucleose, a anemia, a diabete, a insuficiência da glândula supra-renal e a hepatite. A maioria pode ser identificada por um simples exame de sangue.
- Enumere as substâncias que você toma ou que tomou nos últimos meses. Vitaminas, minerais, ervas, aminoácidos, medicamentos para pressão alta, pílulas anticoncepcionais, esteróides ou remédios sem receita médica para emagrecer ou dormir – tudo isso pode causar depressão.
- Compreende-se que você não queira registrar que tomou alguma substância ilegal, mas não deixe de *dizer* isso ao médico na consulta particular.
- Só após avaliar o histórico médico pessoal e familiar, e verificar o resultado dos exames feitos, o médico poderá diagnosticar depressão.
- O tratamento indicado, na maioria dos casos, inclui alguma medicação antidepressiva e uma psicoterapia de curta duração.
- Grande parte das pessoas se sente aliviada, pois finalmente encontra uma explicação para tantas frustrações e fraquezas.

Se a essência vital da pessoa for negada ou eliminada,
ela vai adoecer – algumas vezes de maneira óbvia e imediata,
outras de maneira sutil e um pouco mais tarde.

ABRAHAM MASLOW, psicólogo

41

Antidepressivos não viciam nem causam dependência

- Todos os remédios para a depressão corrigem os desequilíbrios químicos no cérebro que são responsáveis pela doença. Eles não viciam nem causam dependência, e seus efeitos colaterais, quando existem, costumam ser leves, desaparecendo em duas ou três semanas após o início do tratamento.
- É importante observar que os melhores resultados são observados quando a medicação é usada junto com a psicoterapia.
- Pesquisas mostram que a erva-de-são-joão (*Hypericum perforatum*) pode ser eficiente no tratamento da depressão leve a moderada.
- Algumas pessoas acham que, por serem naturais, as ervas medicinais são seguras em qualquer dosagem. Isso não é verdade. Elas podem causar efeitos colaterais. Converse com seu médico antes de tomar e siga a dosagem indicada.
- Remédios antidepressivos fazem efeito aos poucos. Embora algumas pessoas se sintam melhor em poucos dias, outras levam até seis semanas para ter resultados. Nessa fase, paciência e perseverança são fundamentais.
- Há pacientes que, pouco tempo após iniciar um tratamento, acham que "não está dando resultado" e param. Outros sentem efeitos colaterais, não comunicam ao médico e também param. As duas atitudes são erradas.
- Avise seu médico de todos os efeitos – e não espere a próxima consulta para fazer isso. Ele pode até trocar o antidepressivo, mas, se mandar prosseguir com a medicação, faça isso. A maioria dos efeitos colaterais some após duas ou três semanas.

Da terra o Senhor criou os remédios,
o homem sensato não os despreza.

ECLESIÁSTICO, 38-4

42

O uso correto das ervas medicinais

- Quase um terço dos remédios vêm de plantas ou são versões sintéticas de substâncias bioquímicas encontradas em plantas. Por exemplo: a aspirina vem da casca do salgueiro branco; a digitalina, usada para insuficiência cardíaca, vem da erva dedaleira; e a penicilina, de um fungo.
- Nos Estados Unidos, os fabricantes de remédios à base de ervas medicinais são proibidos por lei de afirmarem no rótulo que tais ervas ajudam a tratar ou evitar doenças ou sintomas. Podem apenas defini-las como suplementos alimentares.
- Para afirmar que seus produtos melhoram o bem-estar geral ou funções do corpo como circulação ou digestão, os fabricantes precisam ter provas científicas disso.
- Não tome nada sem saber as indicações terapêuticas, dosagens, efeitos colaterais e contra-indicações que podem desaconselhar o uso de um medicamento.
- Não faça autodiagnósticos nem considere o balconista da farmácia como um substituto do médico. É fundamental consultar o médico para diagnosticar e discutir os tratamentos disponíveis.
- Há substâncias que são quase inofensivas quando ingeridas isoladamente, mas se tornam perigosas quando associadas a algum antidepressivo. Converse *sempre* com seu médico.
- Se você está grávida, consulte seu ginecologista antes de tomar qualquer erva medicinal. Algumas contêm substâncias abortivas ou que podem até prejudicar o feto. Há poucas pesquisas sobre o uso de ervas durante a gestação e o aleitamento, por isso é recomendável ter muita cautela.

A Psiquiatria é a arte de ensinar às pessoas como se apoiar nas próprias pernas para ficar de pé enquanto se reclinam no sofá.

FREUD, criador da Psicanálise

43

O remédio e a dosagem certa

- Pode levar algum tempo até que o antidepressivo funcione.
- Tenha paciência. Na fase inicial do tratamento pode ser necessário consultar seu médico com mais freqüência.
- Cada pessoa reage de forma diferente aos remédios antidepressivos. O que é muito eficaz para uma pessoa pode ser irrelevante para outra. O mesmo vale em relação aos efeitos colaterais. Há quem sinta enjôo e tonteira, mas há também quem não sinta nada.
- Pode demorar um pouco, mas, quando você e seu médico encontrarem o remédio e a dosagem ideal para o seu caso, vai valer a pena ter esperado.

A satisfação instantânea demora muito.

CARRIE FISHER, atriz

44

Não confunda antidepressivos com tranqüilizantes

- Há pessoas que têm restrições morais em relação ao uso de antidepressivos. Elas acreditam que a dor deve ser enfrentada, sentida, analisada, rotulada e não deve ser evitada.
- Essas pessoas parecem confundir antidepressivos com tranqüilizantes ou analgésicos.
- Os antidepressivos não entorpecem o corpo, a mente ou as emoções. Pelo contrário, eles costumam deixar a pessoa mais atenta e consciente de seus sentimentos.
- O sofrimento causado pela depressão não faz parte da vida. É um sinal de que algo não vai bem. Os antidepressivos ajudam a lidar com a dor de forma mais eficiente.
- As pessoas que tomam antidepressivos acabam descobrindo que a clareza da mente, o alívio do sofrimento emocional e o aumento da energia permitem a resolução de problemas (mentais, físicos e emocionais) que se arrastavam há anos.
- Os antidepressivos não representam uma fuga nem um disfarce para as dificuldades da vida. Seu objetivo é curar uma doença e terminar o sofrimento decorrente dela.

Como as pessoas conseguem dormir? Acho que perdi o jeito. Posso tentar bater com força o abajur na minha testa. Ou repetir, lenta e calmamente, frases lindas de grandes pensadores, caso consiga lembrar de alguma dessas bobagens.

DOROTHY PARKER, escritora

45

Uma boa noite de sono

- Grande parte das pessoas com depressão tem dificuldade de dormir. É difícil saber se a insônia ajudou a depressão ou a depressão causou a insônia. A resposta, em muitos casos, é sim para as duas opções.
- À medida que o tratamento prossegue, muitas pessoas voltam ao ciclo normal de sono.
- Se, após tomar antidepressivos por algum tempo, seu sono não se normalizar, converse com seu médico sobre a possibilidade de mudar para um remédio que tenha a sonolência como efeito colateral.
- Remédios antidepressivos não são indutores de sono. Alguns, no entanto, precisam ser tomados na hora de dormir porque provocam sonolência.
- Pílulas soporíferas podem ser tomadas em excesso e, por isso, são perigosas para um paciente deprimido. Os sedativos, na verdade, modificam o padrão normal de sono e podem viciar.
- O sono é uma parte importante do processo de cura – é o momento em que seu corpo, suas emoções, cérebro e mente se renovam e se restauram para funcionar adequadamente. O sono é o guardião da saúde.

Alguns pacientes se sentem culpados por buscar a cura nos remédios. Eles acreditam que os distúrbios emocionais refletem suas doenças psíquicas e imaginam que o tratamento exija uma longa e sofrida busca de seu inconsciente.

NATHAN S. KLINE, médico

46

Suplementos alimentares

- Uma boa alimentação e suplementos vitamínicos e minerais ajudam a curar a mente e o corpo. Um médico consciente da importância da boa nutrição pode identificar as deficiências alimentares do paciente e tratá-las adequadamente.
- Quem é depressivo deve comer alimentos ricos em ômega 3, como salmão, nozes, espinafre, ovos, óleo de linhaça, cereais ou pílulas de óleo de peixe. Eles ajudam no tratamento e na prevenção da depressão.
- Se uma mulher tem baixa taxa de ômega 3, a chance de desenvolver depressão pós-parto é maior.
- A falta de vitaminas e minerais, principalmente em pessoas idosas, reduz a agilidade mental.
- Açúcar, farinha branca, álcool e cafeína em excesso reduzem a energia geral e, dessa forma, contribuem para que a depressão se instale.
- Um suplemento diário multimineral é recomendável nos casos de depressão causada por deficiência de zinco, ferro, magnésio ou manganês.

O mesmo Deus que manda a doença manda a cura.

CERVANTES, escritor

47

Trate bem do seu corpo

- Ao aumentar a flexibilidade e resistência do seu corpo, você promove a cura e aumenta o seu bem-estar geral.
- A ginástica, principalmente a aeróbica, produz endorfinas, um dos antidepressivos produzidos naturalmente pelo corpo. Andar de bicicleta, nadar ou até caminhar com vigor podem fazer maravilhas.
- Praticar ioga, alongamento, dança e tai-chi relaxa, reduz o estresse e restaura a energia.
- Tomar um banho morno de chuveiro ou fazer massagem também são atividades muito relaxantes.
- Na verdade, qualquer atividade prazerosa tem o mesmo efeito calmante: caminhar ao ar livre, ver exposições de arte, ouvir música clássica, assistir a um bom filme ou fazer jardinagem.
- A depressão maltrata o corpo, por isso trate-o bem. Quanto mais você se cuidar, menos tratamentos vai precisar ao longo da vida.

A mente é auto-suficiente e capaz de transformar
o céu num inferno ou o inferno num céu.

JOHN MILTON, escritor

PARTE III

CURAR A MENTE

Pesquisas mostram que terapias de curta duração, como a cognitiva *e a* interpessoal, *são muito eficientes no tratamento da depressão. Após uma pequena apresentação a respeito dessas terapias poderosas, você vai aprender como curar a mente e ter uma vida mais produtiva e feliz.*

48

A psicoterapia como forma de educação

- Nos últimos 10 anos, a psicoterapia mudou bastante. Ficou para trás a imagem do paciente deitado no divã enquanto o psicanalista, impassível, fazia anotações em um bloquinho.
- A terapia, principalmente no tratamento da depressão, tornou-se muito mais educacional e informativa.
- Um bom terapeuta consegue fazê-lo relembrar de coisas que você um dia soube a respeito de si mesmo e esqueceu, coisas que nunca soube sobre você mesmo ou coisas que sabia, mas que, por alguma razão, desprezou.
- Além disso, o terapeuta ensina novas maneiras de ter uma vida mais produtiva, agradável e afetuosa.
- Pessoas deprimidas às vezes fazem coisas que pioram o modo como se sentem porque *ninguém jamais as ensinou a fazer de outro jeito.*
- Uma parte importante da terapia é aprender outras formas de viver.

Não conheço fato mais animador do que a inquestionável capacidade que as pessoas têm de melhorar a vida através de um esforço consciente.

THOREAU, escritor

49

Terapia cognitiva

- A terapia cognitiva foi criada pelo psiquiatra Aaron T. Beck.
- A cognição diz respeito ao processo ou faculdade de adquirir um conhecimento. A forma como assimilamos o mundo é a forma como respondemos a ele; portanto, se nosso conhecimento da vida é negativo, nossos pensamentos, sentimentos e ações tendem a ser negativos.
- A terapia cognitiva identifica o conhecimento negativo do paciente (suas percepções e avaliações) e o "reformula" de maneira mais adequada e factual. Não se trata de incentivar o pensamento positivo, mas de buscar o que é real e verdadeiro na vida da pessoa.
- A depressão distorce a nossa percepção do mundo. A pessoa deprimida vê tudo com lentes escuras. O objetivo da terapia cognitiva não é colocar lentes cor-de-rosa, mas enxergar o mundo com clareza e de forma adequada – tanto o seu lado bom quanto o ruim.

Se nós vemos as coisas de forma negativa, muito provavelmente nos sentiremos de forma negativa e nos comportaremos igualmente de forma negativa.

AARON T. BECK, psiquiatra

50

Terapia interpessoal

- A depressão muda a forma de pensar, sentir e agir em relação ao cônjuge, ao namorado, amigo, chefe, colega de trabalho, parente ou filho. Relacionamentos complicados são a regra para quem está deprimido.
- A terapia interpessoal foi criada pelo médico psiquiatra Gerald Klerman, da Universidade de Harvard, e pela psicóloga Myrna Weissman, da Universidade de Yale, como uma técnica de curta duração para ajudar as pessoas a identificar e resolver dificuldades em seus relacionamentos.
- Enquanto a terapia cognitiva mantém o foco na percepção e na reação a essa impressão, a terapia interpessoal dá mais ênfase à capacidade de comunicação.
- As duas técnicas lidam com os hábitos de pensar, de sentir e de se comportar, não com o que aconteceu no passado, durante a infância, por exemplo. A origem de determinado padrão de pensamento ou de sentimento não é tão importante quanto o padrão em si – o importante é aprender como transformar esse padrão em bem-estar, não em depressão.

Todos esquecemos o mais importante: as pessoas não vão gostar de você se você não demonstrar que gosta delas.

PAT CARROLL

51

O reconhecimento de dois pioneiros

- Seria injusto se não citássemos dois psicólogos cujo trabalho serviu de base para as terapias cognitiva e interpessoal: Albert Ellis e Arnold Lazarus.
- Albert Ellis é o criador da terapia emotiva-racional, muito bem descrita em seu livro *How to Stubbornly Refuse to be Miserable About Anything. Yes, Anything!* (Como se recusar terminantemente a sofrer com tudo. Isso mesmo, com tudo.)
- A terapia emotiva-racional é baseada em três aspectos da vida: 1) o que acontece, 2) como assimilamos o que acontece e 3) como reagimos ao que acontece.
- A maior parte de nossas dificuldades, segundo o Dr. Ellis, está na segunda parte. Ao racionalizar, comparamos nossa assimilação e reações com o que realmente aconteceu e melhoramos nosso desempenho.
- O Dr. Arnold Lazarus é autor da terapia multimodal, que trata do que a pessoa pensa, sente e faz de forma não produtiva. Sua meta é ensinar métodos eficientes para mudar essa situação.
- Segundo o Dr. Lazarus, muitas pessoas estão deprimidas por não conseguirem se expressar. Se a maneira como você expressa sua depressão é agindo de modo delicado, seguro, alegre, irritado ou amoroso, aprender a se expressar de forma adequada é valioso para o tratamento da depressão.

Você costuma se ver na mesma situação desagradável, pensando o que fez de errado e por que isso se repetiu? Nem sempre o problema é falta de sorte – pode ser falta de boas idéias.

ARNOLD A. LAZARUS, médico

52

Psiquiatra, psicólogo ou ambos?

- Em certos casos, o psiquiatra que está tratando o lado clínico de sua depressão pode também aplicar a terapia cognitiva ou a interpessoal. Isso tem a vantagem de juntar sua terapia e suas consultas médicas numa só visita.
- Mas você pode preferir que o psiquiatra faça o diagnóstico, receite os antidepressivos e acompanhe o tratamento e que o psicólogo se encarregue da psicoterapia. Isso possibilita que dois profissionais de especialidades diferentes trabalhem em conjunto para sua cura.
- O mais importante é que você se sinta confiante, seguro e à vontade com seu terapeuta, de forma a se expressar e explorar o que for preciso para se curar e crescer plenamente.

O maior erro no tratamento das doenças é que há médicos do corpo e médicos da alma, embora os dois não existam separadamente.

PLATÃO, filósofo

53

Crescimento pessoal

- A partir deste capítulo, começamos a descrever algumas de nossas técnicas preferidas de crescimento pessoal.
- Trata-se de um conjunto de idéias e atividades que você pode querer experimentar. Brinque com elas. Modifique-as conforme suas necessidades e preferências. Se derem resultado, ótimo. Se não for o caso, experimente outras até descobrir as ideais.
- As sugestões e técnicas apresentadas não são uma tentativa de criar uma "terapia da depressão", muito menos substituem o trabalho do terapeuta.
- Acreditamos que o processo depressivo exige a intervenção de um profissional, tanto a nível físico quanto psicológico.

Faça três vezes algo que nunca fez. Na primeira, perca o medo de fazer. Na segunda, aprenda a fazer. Na terceira, veja se gosta ou não de fazer.

VIRGIL THOMSON

54

Flexibilidade

- Um dos sinais de depressão é pensar de forma rígida, inflexível.
- Palavras como *deve, nunca, ruim, obrigado a, tem de* favorecem estados emocionais – raiva, medo, mágoa, culpa e desvalorização – que contribuem para a depressão.
- Palavras e expressões impositivas criam batalhas mentais e emocionais – o bom contra o mau, o certo contra o errado, o escuro contra o claro – que revelam a forma como vemos e agimos. Declaramos guerra contra o mundo, embora estejamos convictos de que foi o mundo que declarou guerra contra nós. E, como é de se esperar, somos tomados pelo medo e pela raiva.
- Essa não é apenas uma forma depressiva de viver, mas acima de tudo inapropriada. A vida tem que ser vivida do jeito que ela é, com o bom e o ruim, o certo e o errado, o claro e o escuro – não importa se isso nos deprime ou não.
- Trocar palavras rígidas por outras mais flexíveis (e adequadas), como *em geral* e *às vezes,* torna a vida mais fácil.
- Se esforce para ser o melhor possível, não para ser perfeito. Pratique a tolerância e não a insistência ou a resistência. Viva em um mundo de preferências, não de exigências. Diga "Eu gostaria de" ou "Tenho vontade" em vez de "Eu preciso" ou "Não posso deixar de...".
- A vida não é uma luta; está mais para uma dança.

Nossos melhores amigos e nossos piores inimigos são os nossos pensamentos. Um pensamento pode ser mais benéfico do que um médico, um gerente de banco ou um amigo fiel. Mas pode também nos machucar mais do que uma tijolada na testa.

FRANK CRANE, médico

55

O hábito de exagerar é péssimo e pode destruir você

- O exagero funciona da seguinte forma: uma coisa acontece e, conforme nós a aumentamos em nossa imaginação, as emoções aumentam na mesma proporção.
- As emoções reagem aos nossos comandos mentais. Se nos sentimos desapontados e nossa resposta mental é "Isso está me matando!", nossas emoções reagem como se estivéssemos sendo *literalmente* assassinados. É uma reação bem forte.
- Caso você se sinta desapontado, não vale a pena minimizar a situação. Nada de dizer "Ah, isso não tem importância". Se alguma coisa tem importância para você, assuma.
- Tente se expressar com precisão. Isso vai manter sua mente e a reação emocional em sintonia.

Tenho reflexos lentos. Uma vez fui atropelado por um carro que estava sendo empurrado por dois caras.

WOODY ALLEN

56

Preste atenção em você

- Quando ficar novamente irritado, dê um passo atrás mentalmente e preste atenção no que está pensando. Se estiver conversando com alguém, veja o que está dizendo. Se estiver fazendo alguma coisa, observe suas ações.
- Quando você recua e monitora seus pensamentos, palavras e ações passam a enxergar a origem de seu negativismo.
- Identifique as expressões impositivas (*deve, tem que, ser obrigado a)*, os exageros, as suposições, os julgamentos e as avaliações que você fez.
- Perceba como os pensamentos negativos resultam em palavras e atos que não refletem o seu verdadeiro eu.
- Observe as coisas boas que você está negligenciando. Ignorar a realidade positiva é uma forma de pensamento negativo.
- Existem situações em que não é preciso mudar nada. A mera *observação* de um pensamento ou sentimento negativo já o anula.

Você não precisa sair do seu quarto. Fique sentado e ouça. Nem precisa ouvir: apenas espere. Também não precisa esperar: fique imóvel e sozinho. O mundo vai se oferecer a você para ser desmascarado; ele não tem outra opção – vai rolar encantado aos seus pés.

KAFKA, escritor

57

Cure primeiro você

- À medida que você aprende mais a respeito de si mesmo, acaba aprendendo mais sobre os outros. Da mesma forma, quanto mais você conhece sobre depressão – principalmente depois que ela começa a diminuir –, mais aumenta sua percepção sobre as pessoas deprimidas.
- Uma das formas de evitar se tratar é "cuidar" da depressão dos outros. Nada disso. Primeiro cure *você*.
- Os primeiros meses de tratamento são cruciais. Quanto mais você se empenhar, mais completa será sua cura. Identificar hábitos negativos, desenvolver novas habilidades e aprender a desfrutar a vida como ela é (uma sensação que você talvez experimente pela primeira vez na vida) pode ser ótimo *e* cansativo. Controle a sua energia, reserve-a para o seu uso pessoal.
- Fazer isso é ser egoísta? Certamente. Afinal, você está reservando tempo para *você*. Há quem diga que a depressão nasce de um eu enfraquecido, de um eu que não foi adequadamente nutrido. Portanto, nutra-se.
- Você só estará apto a ajudar os outros quando estiver se sentindo melhor, mais pleno.

Por que reparas no cisco que está no olho de teu irmão, quando não percebes a farpa de madeira que está no teu?... Hipócrita, tira primeiro a farpa do teu olho e então verás bem para tirar o cisco do olho do teu irmão.

EVANGELHO DE S. MATEUS, 7: 3-5

58

Nada pode deixá-lo deprimido, a menos que você permita

- Você, e só você, tem a capacidade de se autodeprimir. Eleanor Roosevelt escreveu que "ninguém pode fazer você se sentir inferior, a menos que você deixe".
- Ter pensamentos negativos a respeito das pessoas pode levá-lo à depressão, *não as coisas que as pessoas fazem com você.*
- Não é o que lhe acontece, mas sua *reação interna* aos fatos é que determina se você vai se sentir ótimo ou péssimo.
- Usar essa habilidade para reagir com maestria é ser responsável.
- É claro que essa afirmação traz um coro de vozes perguntando: "Sim, mas o que você me diz de...?"
- As pessoas ficam muito preocupadas em criar cenários exóticos nos quais as ações dos outros as incomodam. O economista John Kenneth Galbraith observou: "Entre mudar a forma de pensar de alguém e provar que isso não é necessário, a maioria prefere a segunda opção."
- Em vez de tentar contra-argumentar, permita que mencionemos um nome: Viktor Frankl, o médico que foi privado de tudo e de todos durante o Holocausto. Ele é um sobrevivente. A conclusão a que Frankl chegou quando estava no campo de concentração – por mais que os nazistas lhe tirassem as pessoas queridas e os bens materiais, ele ainda tinha a capacidade de escolher como administrar seu mundo interior, seus pensamentos, seus sentimentos. Ainda lhe restava a liberdade de escolher.
- Nós também temos essa liberdade. Nem sempre podemos escolher os acontecimentos, mas temos a chance de escolher como reagir a eles. Não somos os únicos a reagir negativamente a certas situações. Todos nós temos maus hábitos, mas eles podem ser mudados – e novos podem ser aprendidos.

• Tornar-se mais responsável pelos próprios atos e sentimentos pode parecer uma tarefa muito trabalhosa. Tem razão, é mesmo. Liberdade costuma dar trabalho.

Eu só tenho homens que dizem "sim".
Quem precisa de homens que dizem "não"?

MAE WEST, atriz de cinema

59

"Sim" e "não"

- *Sim* e *não* são duas palavras valiosas quando se trata de conquistar e conservar a liberdade pessoal. O segredo? Dizer a verdade.
- *Sim* e *não* protegem o seu tempo. Imagine que eles simbolizam a porta da sua casa: a porta aberta é sim, a porta fechada é não. Se você abre a porta quando na verdade queria fechá-la e fecha quando queria abri-la, em pouco tempo sua casa estará cheia de coisas e pessoas que não deseja. Isso é realmente depressivo.
- Com freqüência, dizemos *sim* e *não* pelos motivos errados. Em geral, é o medo de uma nova experiência, de ferir os sentimentos de alguém, de ser rejeitado ou de ser alvo de maledicência e assim por diante.
- *Sim* e *não* existem para mostrar o que queremos, quais são as nossas preferências e o que estamos dispostos a fazer ou não fazer.
- Com freqüência nos perguntam o que responderíamos em uma situação hipotética. Como vamos saber *agora* o que vamos querer fazer no futuro? Um bom indicador é: se tivesse que decidir agora, você diria sim ou não? Se você não quer fazer agora, certamente não vai querer fazer no futuro.

Os homens não se preocupam com as coisas,
mas com a visão que têm delas.

EPICTETO (século I a.C.)

60

Não existem sentimentos "ruins"

- Nem mesmo quando nos sentimos mal podemos considerar que estamos tendo um sentimento "ruim".
- O segredo é se divertir com os altos e os baixos e sentir todas as emoções possíveis.
- Na tentativa de sentir alguma coisa, as pessoas perdem muito tempo e dinheiro com filmes, programas de tevê, vídeos, livros e CDs.
- Existe o que chamamos de tristeza sadia – livre da autocomiseração e do sofrimento da depressão.
- Emocione-se com a sua própria vida. Experimente toda a sua plenitude e beleza.

Eis uma mentalização que cura todo e qualquer mal físico: sente por meia hora todas as noites e perdoe mentalmente todas as pessoas de que você não gosta ou por quem sinta antipatia.

CHARLES FILLMORE

61

Mágoa, ressentimento e culpa

- Mágoa, ressentimento e culpa são sentimentos que costumam estar muito próximos. Quando perdemos alguma coisa ou quando não conseguimos algo que desejamos, em geral ficamos magoados. Como essa é uma emoção difícil para as pessoas, muitas evitam a mágoa transformando-a em raiva.
- Quando sentimos raiva de alguém ou de alguma coisa, chamamos esse sentimento de ressentimento. Quando a raiva se volta contra nós mesmos, chamamos essa sensação de culpa. Sempre que sentimos raiva, seja ela expressa com culpa ou com ressentimento, há, no fundo, mágoa.
- Se você se magoar logo no início, pode voltar rapidamente para o sentimento de proteção. Não é possível se magoar com algo que não tem importância. Transfira o sentimento de proteção para algo a que seja seguro se afeiçoar – como amar a Deus, a natureza ou o universo.
- Se você não perceber o desapontamento a tempo, vai lhe sobrar a mágoa, a culpa ou o ressentimento. Faça alguma coisa com esses sentimentos, de preferência alguma coisa física. Respire fundo, alongue-se, caminhe, dance, cante, grite (silenciosamente ou em alto e bom som), chore, escreva seus pensamentos negativos e queime o papel, chute, grite ou bata no travesseiro.
- Se você sentir que ainda ficou um resto de mágoa, ressentimento ou culpa, pode ser uma boa idéia marcar uma hora com seu psicoterapeuta para desabafar suas emoções.
- Perceba que todas as nossas sugestões para desabafar os sentimentos negativos envolvem apenas você e um profissional. Não adianta dizer "umas verdades" a quem o magoou, para se sentir melhor, porque isso raramente funciona. Em primeiro lugar, poucas pessoas se dispõem a ouvir, como ocorre nos

filmes. A maioria costuma interromper a conversa e reagir agressivamente, dizendo outras tantas verdades. (Que audácia!) O pior é que elas podem nem ligar para o que ouviram. (Como ousam?) E, caso pareçam arrasadas, será que não é só uma estratégia para deixá-lo culpado? (Que maus-caracteres!)

- *Dizer* o que e como nos sentimos é fundamental, mas isso não significa desabafar, ser agressivo ou "dizer umas verdades". Na realidade, costuma ser mais fácil manifestar um sentimento negativo depois que ele passou.
- Manifeste sua mágoa usando frases na primeira pessoa. ("Eu estou desapontado", "Eu não gosto quando você não avisa que vai atrasar", "Eu preferia que você...") E deixe claro que você só se ofendeu porque *se importa* com tal pessoa ou fato.

Como conquistar, manter e recuperar a felicidade é, de fato, o motivo secreto universal de todas as pessoas para justificar tudo o que elas fazem e tudo o que estão dispostas a suportar.

WILLIAM JAMES, escritor

62

Perdoando

- Perdoar significa conceder perdão. Quem somos nós para perdoar? Será que perdoamos a nós mesmos? A principal razão para conceder perdão é ter paz de espírito e qualidade em todos os nossos futuros relacionamentos.
- Cristo foi um dos maiores mestres do perdão. No mundo de "olho por olho, dente por dente" em que ele viveu, o perdão era um conceito radical.
- A palavra em aramaico que Cristo usou para perdoar significava também *desatar o nó, relevar.* É isso que fazemos quando perdoamos: abrimos mão do imaginário (e doloroso) controle da maneira como pensamos que as coisas deveriam ser, e nos abstemos de julgar como elas são. O perdão é uma linha direta para a liberdade, para a iluminação e para o crescimento.
- O perdão é um processo simples: basta dizer em voz alta ou apenas mentalmente "Perdôo...", daí cite o nome da pessoa (pode ser o seu) ou do fato que você julgou, e então acrescente: "Perdôo a mim mesmo por julgar..." e repita a pessoa ou o fato. Fazendo isso, você se desliga de qualquer juízo de valor que possa ter tido um dia.
- Perdoe, esqueça e siga em frente com a vida.

Em certas situações difíceis, urgentes ou desesperadas a irreverência proporciona um alívio que nem a oração pode dar.

MARK TWAIN, escritor

63

Atividades positivas

- Assim que perceber um clima de negatividade, faça alguma coisa, qualquer coisa positiva, para mudar esse estado de espírito. Respire fundo, olhe pela janela, sinta o perfume de uma flor, coma uma fruta, beba água, leia uma piada, cante, escreva, reze, etc. A lista é infinita.
- Pode ser difícil anular o mau humor depois que ele se instala. Uma boa idéia é quebrar o padrão fazendo algo positivo.
- Faça uma lista com as suas atividades positivas preferidas. Quando se sentir novamente deprimido, faça uma dessas atividades.
- "O mais difícil é sorrir quando se está sentindo dor ou deprimido. Mas esse remédio grátis é um primeiro passo necessário, se você quer entrar no caminho da cura", disse Allen Klein.
- Sorria.

Quando você está deprimido, sua atitude faz muita diferença. A pior coisa é manter uma postura altiva, com a cabeça ereta, pois isso faz com que você se sinta melhor. Se for para tirar alguma alegria do fato de estar deprimido, vai precisar manter uma "postura depressiva".

CHARLIE BROWN,

personagem de história em quadrinhos

64

Anime-se, levante a cabeça e respire fundo!

- A clássica "postura depressiva" é de cabeça baixa, queixo enterrado no peito e ombros caídos. Com essa expressão corporal, os deprimidos parecem estar realmente "com o peso do mundo nas costas".
- Melhorar essa postura pode mudar o estado de espírito. Levante a cabeça, ponha os ombros para trás, respire fundo – você vai se sentir melhor.
- É difícil respirar fundo quando se está dobrado sobre si mesmo. A postura depressiva dificulta a entrada do ar no peito. Aprenda a inspirar profundamente ao mesmo tempo que expande o baixo abdômen.
- Experimente várias posturas, jeitos de sentar e de andar e escolha os mais confortáveis.

Existe alguma coisa mais dolorosa para
as pessoas do que admitir que são infelizes?

BENJAMIN FRANKLIN, escritor e diplomata

65

Faça o que tem de fazer ou então esqueça

- As pessoas assumem compromissos demais – são pilhas de livros e filmes, jantares para oferecer, amigos para visitar, armários para arrumar, cursos para fazer e assim por diante. Mesmo sem acrescentar nada a esses "projetos", não teriam tempo de fazer tudo o que pretendem ainda que vivessem 220 anos.
- Essa lista de pendências pode ser depressiva.
- Isso é especialmente verdadeiro quando as coisas que gostaríamos de fazer são *importantes:* obras sociais, exercícios para a saúde, dedicar mais tempo às pessoas queridas, às práticas espirituais ou religiosas, às causas políticas ou ambientais, etc. Então, não só deixamos de ter a satisfação e alegria de fazer algo bacana como nos culpamos por não ter feito.
- Há duas formas de lidar com todos esses "projetos": faça ou então esqueça.
- Para romper o ciclo depressivo, escolha o que é mais importante e faça. Finalize cada tarefa ou diga a você mesmo que não tem condições de fazer aquela determinada coisa por enquanto. Não é que os "projetos" deixem de ser importantes para você, mas é preciso criar uma ordem de prioridade. Troque "Não posso" por "Gostaria de fazer, mas no momento estou com outros compromissos".
- Uma boa idéia é fazer uma lista das coisas que você prometeu fazer para si mesmo ou para os outros. A relação pessoal deve ser maior do que a com promessas para os outros. Considere as tarefas fundamentais (relativas à comida, à casa e à cura de sua depressão) e veja quanto tempo sobrou para o resto. Verifique se ainda dá tempo e o que você tem vontade de fazer.
- A certa altura, como acontece com todo mundo, não vai sobrar tempo nem vontade. Então, *risque* os itens não escolhidos e diga: "Gostaria de fazer isso, mas tenho outros compromissos.

Por enquanto, não posso. Faço de conta que fiz." (Ao falar com os outros, melhor excluir a parte "Faço de conta que fiz".)

- Agindo assim, você vai sentir um aumento de energia e de determinação para fazer as coisas que realmente deseja.
- Seja cauteloso na hora de assumir compromissos – com os outros e, principalmente, com você mesmo.

> *Depois de namorar por 10 anos, fui falar com meu futuro sogro. Olhei bem para ele e o cumprimentei: "Olá."*
> *Ele: "Olá."*
> *Ele perguntou: "O que você quer?"*
> *Respondi: "Namoro sua filha há 10 anos."*
> *Ele: "E daí?"*
> *Eu: "Quero casar com ela."*
> *Ele: "Pensei que quisesse uma pensão."*
>
> MAX MILLER

66

Afirmações e visualizações

- Considere algo tão efêmero quanto um pensamento e o transforme em uma coisa palpável, real. A decisão de ler este livro, por exemplo, pode ter começado com uma afirmação – um pensamento tão repetido que acabou se tornando realidade.
- Visualizar é ver em sua imaginação a afirmação se realizando.
- Nem todo mundo consegue "ver" uma imagem em sua imaginação. Para algumas pessoas, é mais fácil ter sensações a respeito das coisas, enquanto outras têm a audição como ponto forte.
- Tente lembrar como é a forma de um triângulo... E de uma maçã vermelha... E da Estátua da Liberdade. Isso é visualização. A forma como lembramos o passado é a forma como "vemos" o futuro.
- Nós usamos afirmações e visualizações o tempo todo em nosso dia-a-dia. É assim que funciona o processo de criação.
- Nossos pensamentos, o que inclui nossa imaginação, geram emoções e reações biológicas e atos físicos. E nós usamos isso para atrair as pessoas e coisas.
- Quase todo mundo usa o processo de afirmação e visualização – geralmente de forma inconsciente – tanto para o lado negativo quanto para o positivo. Nós sugerimos que você opte pela abordagem positiva.
- Afirmações são declarações do que você quer ser, fazer e ter. São formuladas no presente e na primeira pessoa, como se você já estivesse sendo, fazendo ou tendo. Por exemplo: "Eu sou alegre e feliz", "Eu estou contente com minha vida", "Eu estou satisfeito e grato neste momento".
- Imagine-se em situações alegres e felizes, satisfeito com vários aspectos de sua vida ou contente e grato num determinado momento.
- Faça uma lista de afirmações positivas e repita cada item sem-

pre que puder. Escreva as afirmações em cartões e pendure-os em vários lugares: no painel do seu carro, no espelho do banheiro, no teto sobre a cama. Visualize como sua vida seria se esses desejos se realizassem.

- Continue afirmando e visualizando e sua lista de desejos vai se tornar realidade. É como disse o guru indiano Maharishi Mahesh Yogi: "Aquilo a que damos atenção se fortalece na nossa vida."

Visualize-se tão sólido, saudável e cheio de vitalidade e vida quanto o seu Criador. Pense em você como o ser único que é. Entre em harmonia com as forças criativas, inspiradoras e saudáveis do universo. Pregue a paz, a integridade e a boa saúde – e tudo isso será seu.

NORMAN VINCENT PEALE, escritor

67

A iluminação

- A iluminação é um conceito que faz parte de crenças religiosas, espirituais, filosóficas e até científicas através da História – das antigas civilizações à Física quântica.
- Você pode considerar a iluminação uma representação de Deus, do Espírito Santo, da natureza, do Sol, do seu eu interior ou mesmo das ondas eletromagnéticas de energia que os físicos dizem formar todo o universo conhecido (visível e invisível) – inclusive este livro que você tem nas mãos, pois a luz reflete a página, seus olhos sentem a luz refletida nas imagens e seu cérebro entende todo esse processo, permitindo que você leia este livro.
- Ou seja, concordamos com esse ou com qualquer outro conceito de iluminação que você tenha.
- De qualquer forma, vamos definir a iluminação como a mensagem invisível da bondade divina.
- Você pode fazer com que a luz o envolva, o preencha e o cure. Pode enviá-la para onde quiser, até para o futuro ou para o passado. Você pode até respirar a luz.
- Para onde quer que você direcione a luz, é recomendável pedir que ela seja usada "para o bem de todos os envolvidos". Não a use como uma forma de controle. Deixe que ela seja uma afirmação da frase "Faça-se a luz".

Descobri que toda a nossa infelicidade vem de um fato:
não sermos capazes de ficar sentados em silêncio num lugar.

PASCAL, cientista

68

Meditação transcendental

- Se você tentou aprender a meditar num livro ou revista e se desapontou com o resultado, não deixe que isso o desanime. Afinal, como diz o antigo ditado, "para aprender a meditar bem, é preciso um bom mestre".
- Entre as diversas técnicas de meditação existentes, a transcendental é uma das mais eficientes e fáceis de aprender.
- Inúmeros estudos constataram a redução da ansiedade e do estresse entre os praticantes da meditação transcendental.
- Quem pratica meditação transcendental pode ainda aumentar a energia, melhorar a auto-estima e a capacidade de aprender, além de diminuir a pressão alta e favorecer o sono profundo. Seus efeitos proporcionam ao corpo, à mente e ao espírito uma atitude oposta ao estresse – um estilo mais "fique e aproveite" do que "lute ou fuja".

Riso: contração interna que causa distorção do rosto e é acompanhada de sons inarticulados. É contagiante, intermitente e incurável.

AMBROSE BIERCE, crítico e escritor

69

Anime-se: a vida é mais divertida do que nós pensamos

- O riso tem um efeito curativo incrivelmente rápido sobre a depressão. Assim é o humor; ele não nos provoca necessariamente gargalhadas, mas faz sorrir por dentro.
- Vamos parar um instante e ouvir a palavra dos especialistas:

"Acho que a função química do humor é mudar o caráter do nosso pensamento." LIN YUTANG

"A única coisa que se deve levar a sério na vida é a felicidade." MAHARISHI MAHESH YOGI

"Nada prova que a vida é coisa séria." BRENDAN GILL

"AVISO: O humor pode ser perigoso para a sua doença." ELIE KATZ

"A felicidade não é uma coisa engraçada." ARCEBISPO WHATELY, DE DUBLIN (1787-1863)

"Eu sou a favor do divertimento saudável e tudo mais, mas acho que é um pouco demais um cara jogar ovos cozidos no ventilador." P.G. WODEHOUSE

"Estamos aqui por um tempo. Portanto, riam o máximo que puderem." WILL ROGERS

- Alugue filmes de comédia, leia livros e assista a programas humorísticos na TV. Ou apenas observe como a vida é absurda.
- Encare as recomendações acima como ordens médicas.

Somos uma magnífica manifestação de vida.
Temos a linguagem, o afeto e o benefício da genética,
que nos aproxima, imagino eu, de uma "meta em comum" com
a natureza. Por fim, talvez o melhor de tudo: temos a música.

LEWIS THOMAS, médico

70
Música

- Como observou William Congreve, em 1697, "a música tem encantos que conseguem domar um coração selvagem, suavizar a aspereza das pedras ou curvar um carvalho centenário". Portanto, a música tem a capacidade de suavizar uma depressão severa.
- A música suave pode ser uma excelente companhia para a meditação; pode até ser a própria meditação. Seja o segundo movimento do *Concerto número 5 para piano* de Beethoven ou as primeiras 12 horas do *Concerto número 467 para elevador e supermercado* de Mantovani – vale qualquer melodia, desde que você a considere relaxante.
- A música faz mais do que apenas acalmar; ela pode estimular ou realçar quase todas as atividades, emoções ou sensações – de chorar e dançar até ter visões místicas.
- Quando bem escolhida, a música tem a capacidade de despertar emoções reprimidas que precisam ser sentidas e purgadas.
- A idéia não é apenas ter uma música de fundo, mas poder desfrutá-la, refletir a seu respeito, relaxar. Segundo o poeta T. S. Eliot, "a música, quando ouvida profundamente, deixa de existir; você passa a ser a música, enquanto a música durar".

A riqueza não vem do excesso de bens materiais,
mas de um coração feliz.

MAOMÉ, líder religioso

71

O oposto da depressão é a expressão

- Quais são suas habilidades criativas? Pintar? Escrever? Costurar? Dançar? Cozinhar? Cuidar do jardim? Cantar? Ser ator? Tocar um instrumento? Praticar um esporte?
- Não se preocupe em ter um bom desempenho nem em ganhar dinheiro. *Procure apenas se divertir.*
- Nós, adultos, esquecemos de brincar, principalmente nós, adultos deprimidos. Com freqüência, mesmo quando estamos nos divertindo, o fazemos de forma passiva: vendo tevê ou acompanhando um jogo na quadra. Envolva-se *ativamente* com alguma atividade.
- Como disse o grande sábio Ward Cleaver: "Nunca estamos velhos demais para fazer bobagens."

Quando estamos deprimidos, o corpo também se deprime e transmite isso para as células. Para aumentar a nossa energia, podemos praticar um esporte – uma das formas mais eficientes de acabar com o desânimo e recuperar o vigor.

O. CARL SIMONTON, médico

72

Gratidão

- A depressão tira a nossa capacidade de ser gratos. Ou será que a ingratidão é que causa a depressão? O fato é que uma das melhores formas de sair da depressão é ter freqüentes surtos de gratidão.
- Seja grato pelas coisas que estão ao seu redor: "Obrigado pela luz. Obrigado pelas minhas mãos. Obrigado pelo sofá..." Reconheça a maravilha que é ver, ouvir, tocar, provar, cheirar.
- Acabou o seu estoque de coisas para agradecer? Muito bem, então faça o seguinte: prenda a respiração. Logo você estará *muito* grato por ser capaz de respirar.
- Compartilhe sua gratidão com os outros. "Foi ótimo o que você disse", "Você está muito bem" e "Gostei do que você fez". Não é preciso exagerar nos elogios nem mentir. Apenas demonstre sua opinião com simplicidade e no momento oportuno.
- A todo instante existe alguma coisa para sermos gratos. Quem não está voltado para o lado positivo da vida precisa mudar o foco. Só assim é possível se sentir mais grato e pleno.

É impossível ficar deprimido e agradecido ao mesmo tempo.

RANDALL MILLER

PARTE IV

E O PROCESSO DE CURA CONTINUA...

Esta última parte do livro traz alguns pensamentos, sugestões, estímulos e incentivos – coisas a fazer, a considerar e a desfrutar à medida que sua cura prossegue.

73

A cura já começou

- A cura começa com a decisão de melhorar. *Qualquer* ação que confirme essa escolha indica que o processo de cura está em andamento.
- Só escolher um livro com o título *Como curar a depressão* e ler até aqui mostra que sua cura já começou.
- Ao começar a se tratar, é provável que você se pergunte: "Como eu posso ter demorado tanto tempo para tomar essa decisão?"
- Parabéns por sua coragem de se tratar.

Não precisamos de coragem quando estamos paralisados, e sim quando iniciamos a longa subida de volta à sanidade e à segurança.

ANNE M. LINDBERG

74

Paciência

- Sugerimos que você tenha paciência, pois, como já comentamos, os antidepressivos podem levar semanas para fazer efeito. Às vezes, os médicos demoram meses para chegar à dose certa e ao antidepressivo que melhor se adapta ao seu caso.
- Dê um tempo para você. Dê um tempo para os profissionais que cuidam de você. Dê um tempo à natureza.
- Tenha paciência com a sua impaciência. Fique calmo. A cura está chegando.

Como é que uma estupidez pode parecer tão boa
na hora em que está sendo feita?

PIMENTINHA,

personagem de história em quadrinhos

75

Pense grande, mas não muito

- Quando visualizar a sua cura, pense em como você gostaria que ela acontecesse. Deixe que palavras como contentamento, bem-estar, entusiasmo, alegria, feliz e carinhoso e outras surjam em sua mente.
- Ao imaginar o seu processo de cura, pense grande e sonhe alto, mas sem exagerar. Não é uma meta razoável sonhar em nunca mais ficar zangado, triste, magoado, desapontado, com dor ou depressão. Lute por excelência, não por perfeição.
- À medida que você se cura da depressão, sua mudança de humor deve ser sensível.
- Seu psiquiatra ou terapeuta pode ajudá-lo a estabelecer metas razoáveis.

Não somos seres humanos tendo uma experiência espiritual.
Somos seres espirituais tendo uma experiência humana.

TEILHARD DE CHARDIN, teólogo francês

76

A cura tem seus altos e baixos

- A cura da depressão não é um caminho suave, regular, estável e sempre para cima. Ela tende a ser mais parecida com o gráfico abaixo:

- A cura da depressão é como uma montanha-russa que mantém uma velocidade baixa na maior parte do percurso e que o deixa sair em um ponto mais alto do que aquele em que você embarcou.
- Entre no vagão e vá até o fim do percurso. Siga o tratamento. Em pouco tempo você vai perceber que os baixos de hoje foram os altos de ontem.

Se a gente parasse de tentar ser feliz, poderia se divertir à beça.

EDITH WHARTON, escritora

77

Busque apoio nos outros

- Quando chega a hora de mudar, de crescer e de se curar, pode ser uma fase um tanto caótica, confusa e assustadora. Busque apoio nos amigos ou familiares.
- Se for preciso resolver alguma coisa ou comparecer a algum compromisso inadiável, peça a opinião de amigos ou familiares e, de preferência, adie as decisões mais importantes.
- Converse e tire dúvidas com quem já fez tratamento para depressão. Pode ser muito confortador ouvir: "Ah, não se preocupe, já passei por isso."
- Pergunte a seu chefe se é possível assumir tarefas com menos responsabilidades por um tempo. Pergunte se alguns compromissos podem ser adiados. A resposta pode ser não, mas vale a pena perguntar. Há sempre uma chance de receber um sim.

A verdadeira felicidade tem uma natureza distante e é inimiga da pompa e do barulho. Ela surge da alegria interior, do companheirismo e da conversa com alguns poucos amigos.

JOSEPH ADDISON, escritor

78

O benefício de compartilhar experiências

- Costuma ser benéfico conversar com pessoas que estejam se tratando de depressão.
- Grupos de apoio são excelentes para quem deseja se curar. Eles são muito comuns entre pessoas que estão fazendo terapia cognitiva ou interpessoal ou entre quem está tomando antidepressivos.
- A maior vantagem de compartilhar experiências e informações é a sensação de não estar só. É reconfortante descobrir que um problema que você considerava único é classificado pelas outras pessoas do grupo como "problema 43", tamanha a freqüência com que ele aparece.
- Seu psiquiatra ou terapeuta pode recomendar grupos de apoio próximos de sua casa ou do local de trabalho.

Na adversidade é que a pessoa conhece melhor a si mesma, por estar totalmente livre de admiradores.

SAMUEL JOHNSON, escritor

79

Programas de recuperação

- O mais eficiente tratamento contra vícios é o programa dos 12 passos dos Alcoólicos Anônimos. Ele foi adaptado e tem sido usado no tratamento de outras dependências, além do álcool.
- O programa do AA traz princípios importantes para o crescimento pessoal. Quem cumpre os 12 passos fica mais maduro e com uma sensação maior de liberdade.
- Embora a depressão não seja um vício, as pessoas depressivas costumam ficar dependentes de outras coisas – comida, drogas, cigarro, álcool e até pensamentos negativos.
- Se sentir necessidade, procure as instituições listadas abaixo:
- Alcoólicos Anônimos (www.alcoolicosanonimos.org.br ou pelo telefone de plantão 011- 3315 9333)
- Narcóticos Anônimos (www.na.org.br ou pelo telefone 011- 3101 9626)
- Neuróticos Anônimos (www.neuroticosanonimos.org.br)
- CVV – Centro de Valorização da Vida (www.cvv.org.br ou pelo telefone 011- 3107 2152).

Aquele que adia o momento de viver é como o simplório
que espera o rio secar para atravessá-lo.

HORÁCIO, filósofo

OS 12 PASSOS

1. Admitimos que éramos impotentes perante nossa dependência, que tínhamos perdido o domínio sobre nossas vidas.
2. Viemos a acreditar que um Poder Superior a nós mesmos poderia devolver-nos a sanidade.
3. Decidimos entregar nossa vontade e nossa vida aos cuidados de Deus, na forma em que O entendemos.
4. Fizemos minucioso e destemido inventário moral de nós mesmos.
5. Admitimos perante Deus, perante nós mesmos e perante outro ser humano a natureza exata de nossas falhas.
6. Prontificamo-nos inteiramente a deixar que Deus removesse todos esses defeitos de caráter.
7. Humildemente rogamos a Ele que nos livrasse de nossas imperfeições.
8. Fizemos uma relação de todas as pessoas que tínhamos prejudicado e nos dispusemos a reparar os danos a elas causados.
9. Fizemos reparações diretas dos danos causados a tais pessoas, sempre que possível, salvo quando fazê-las significasse prejudicá-las ou a outrem.
10. Continuamos fazendo o inventário pessoal e, quando estávamos errados, nós o admitíamos prontamente.
11. Procuramos, através da prece e da meditação, melhorar nosso contato consciente com Deus, na forma em que O concebíamos, rogando apenas o conhecimento de Sua vontade em relação a nós e forças para realizar essa vontade.
12. Tendo experimentado um despertar espiritual, graças a estes passos, procuramos transmitir esta mensagem a outros e praticar estes princípios em todas as nossas atividades.

80

Elogie-se

- É preciso coragem para admitir ter depressão.
- É preciso coragem para marcar uma consulta e iniciar o tratamento para depressão – decisão que muitas pessoas consideram assustadora, enquanto outras acham uma coisa ridícula.
- É preciso sabedoria e coragem para procurar, junto com seu médico, o remédio certo para o seu caso. E para enfrentar desafios e implementar mudanças pessoais importantes.
- Saboreie cada pequena vitória, cada passo em direção à cura – inclusive os passos errados; eles fazem parte do jogo.
- Não se esqueça de que você é muito mais do que sua depressão.
- É preciso ter determinação para aprender, para assumir riscos e para crescer.
- Parabéns!

A vida é feita de pequenos prazeres. A felicidade, também.
Os grandes sucessos não aparecem todo dia.
E, se você não colecionar os pequenos sucessos, os grandes
não vão significar muita coisa.

NORMAN LEAR

81

O processo de cura pode ser demorado

- Mesmo que você sinta uma grande melhora em poucas semanas, o processo completo de cura pode ser mais demorado.
- O tempo que seu corpo precisa para se curar vai depender de quanto tempo você ficou deprimido sem se tratar. Você precisa relaxar, pois está se curando de um longo sofrimento.
- À medida que o processo de cura vai progredindo, a pessoa passa a viver mais o "aqui e agora". Algumas chegam a afirmar que desfrutar o momento é a meta de suas vidas. Aos poucos, até ficar à toa se torna um programa agradável.
- Quanto mais você melhora, menos se preocupa se está ou não curado – sinal de que está se curando.

Não importa que você vá devagar, desde que não pare.

CONFÚCIO, sábio chinês

82

Seja carinhoso com você mesmo

- Da mesma forma que você pediu ajuda aos outros, peça ajuda a si mesmo.
- Seja carinhoso e generoso com você mesmo. Um grande sintoma da depressão é ter o hábito de fazer autocríticas muito rigorosas. É preciso ser mais compreensivo. Lembrar que errar é humano.
- Na próxima vez que começar a se criticar, caia na risada. Perceba a bobagem que é guerrear com você mesmo – e dê boas gargalhadas.
- Imagine dois exércitos se enfrentando no campo de batalha. Um soldado encara o outro e os dois percebem que têm exatamente a mesma cara. Eles começam a se apontar e a rir, histéricos. Outros soldados saem cautelosamente das trincheiras e barricadas e descobrem que o inimigo tem exatamente a mesma cara que eles. O exército inteiro se dobra em ondas de riso. Fim da guerra. Início da comédia pastelão. (Cena de abertura do seriado de tevê *Monty Python.*)
- Eis um dos pensamentos mais radicais que você já leu na vida: *Não tem problema sentir-se bem quando as coisas vão mal.*

Sentir compaixão por si mesmo é o remédio
mais eficiente que existe.

THEODORE I. RUBIN, médico

83

Encare os problemas como desafios criativos

- Quando estamos deprimidos, é fácil ver os problemas como dificuldades, impedimentos ou obstáculos – em resumo, como perturbações.
- À medida que a depressão vai embora, fica mais fácil ver os problemas como desafios criativos, convites à ação e até como *jogos.*
- *Os problemas não precisam deixar você infeliz.*
- Pense na vida como um processo que deve ser apreciado à medida que vai acontecendo.
- É muito comum que as pessoas depressivas condicionem sua felicidade a alguma situação não resolvida: "Quando isso terminar, vou ser feliz." Com esse tipo de pensamento, não surpreende que a felicidade seja um raro prazer. Você já percebeu que os problemas "nunca param de surgir"?
- O entusiasmo, a criatividade, o espírito brincalhão e o bom humor são os segredos da vida.

Se a gente só quisesse ser feliz, era fácil. Mas queremos ser mais felizes do que os outros e isso é complicado, pois pensamos que os outros são mais felizes do que são.

MONTESQUIEU, pensador francês

84

Procure ser bem tratado

- O desejo de ser abraçado, paparicado e amado é natural. Quando sentir qualquer dessas necessidades, faça o que puder para satisfazê-las.
- Uma massagem feita por um bom profissional é um ótimo investimento para a cura da depressão.
- Faça uma lista de amigos, pessoas do seu grupo de apoio, parentes e outros a quem possa pedir uma palavra de incentivo: "Diga, por favor, que eu estou muito bem!"
- Não esqueça que o apoio mais importante é o seu próprio. Repita sempre para você mesmo: "Te amo", "Você é muito importante para mim", "Você é o máximo!". Pode ruborizar, mas diga.

No Juízo Final, você terá de prestar contas de todas as coisas boas que deveria ter aproveitado na vida e não aproveitou.

TALMUDE

85

Os relacionamentos podem mudar

- À medida que você melhora, seus relacionamentos sofrem modificações.
- Os relacionamentos construídos a partir de seu eu deprimido podem acabar, mas os que envolvem as pessoas que gostam de você pelo que você *realmente* é têm todas as chances de saírem fortalecidos.
- Há pessoas que usam a fraqueza da depressão (o medo, a culpa e o sentimento de desvalorização) para manipular e controlar os outros. À medida que esses sintomas desaparecem, você fica menos carente e, portanto, menos manipulável.
- Claro que sua melhora não agrada os tipos controladores e/ou manipuladores. Eles podem tentar convencer você a largar o tratamento. Não caia nessa.
- Não tome nenhuma decisão até que sua cura esteja garantida.

Rir bastante e amar muito, merecer o respeito
das pessoas inteligentes e o afeto das crianças; ser elogiado
pelos críticos honestos, admirar a beleza, ser generoso, saber
que a vida de pelo menos uma pessoa foi melhor graças a você
– isso é ser bem-sucedido.

HARRY E. FOSDICK, poeta

86

Aproveite o que é bom

- Não estranhe se acontecerem coisas boas com você *sem que você se esforce.*
- Para muitas pessoas deprimidas, a única forma de conseguir algo de bom é lutando e se esforçando.
- À medida que a depressão diminui, as coisas boas tendem a acontecer de forma espontânea. Aceite-as. Aproveite-as.
- Aos poucos você vai se sentir mais seguro, pronto para tomar decisões difíceis, como acabar com um mau hábito que o incomodava há tempos e voltar a se exercitar.
- Você pode descobrir outras oportunidades em sua profissão, novos relacionamentos – tudo isso apenas porque você está *ficando* mais parecido com você mesmo.
- "Aproveite a vida", diz o ditado. "A vida não é um ensaio, ela é para valer."

Que vida ótima eu tive! Só lastimo não ter percebido antes.

COLETTE, escritora francesa

87

Em paz com a depressão

- Há pessoas que ficam completamente curadas da depressão. Há, no entanto, as que recebem alta e param de tomar antidepressivos, mas acabam tendo recaídas, e as que precisam tomar remédios e se tratar por muito tempo.
- Não há como prever o rumo que sua depressão vai tomar. O importante é que ela possa ser controlada e os sintomas eliminados.
- A verdade é que a pessoa pode se curar da depressão e ter uma recaída (e ser de novo tratada com sucesso) ou aceitar a depressão como um fato da vida (nesse caso, recomendamos um tratamento contínuo com supervisão médica).
- O importante é ficar em paz com seu passado – fazer as pazes com a depressão. Não a trate como uma inimiga. Ela é apenas um desequilíbrio bioquímico do cérebro e/ou dos padrões da mente. Como qualquer doença, a depressão precisa ser aceita e tratada.

O medo que nos impede de confiar em nós mesmos está em algum ato ou palavra do passado. Mas por que deveríamos viver assustados ou ficar arrastando os fantasmas do que já passou? Traga o passado para ser julgado perante o olhar do presente e viva sempre um novo dia.

RALPH WALDO EMERSON, escritor

88

A sociedade e a depressão (boas notícias)

- Imagine se as pessoas que sofrem de depressão se curassem.
  - Elas não culpariam mais a si mesmas ou aos outros pelos sintomas de sua doença.
  - Elas teriam mais energia, seriam menos intempestivas, ficariam menos doentes e não teriam vícios.
  - Elas sorririam mais e cuidariam melhor de si mesmas e dos outros.
  - Elas seriam mais produtivas, tolerantes e generosas.
- Embora esse cenário imaginário possa parecer a *Utopia*, famoso livro de Sir Thomas More, ou as músicas *What a Wonderful World* (Que mundo maravilhoso), de Louis Armstrong, ou *Imagine*, de John Lennon, trata-se de algo possível de acontecer.
- Considere uma situação radical: os sem-teto. Você já viu um morador de rua que não seja depressivo? Provavelmente não. Não importa se eles estão deprimidos por morarem na rua ou se moram na rua por serem deprimidos – fato é que, se a depressão for tratada, muitos voltarão a ser pessoas produtivas.
- Indivíduos saudáveis constroem sociedades saudáveis.

A preocupação deveria nos forçar a agir, não a ficar deprimidos.

KAREN HORNEY, psicanalista

89

Sendo generoso com os outros

- Caso você fosse preso por ser generoso demais, haveria provas suficientes para condená-lo? Essa é uma pergunta que permite respostas interessantes.
- Quando seu tratamento terminar, você pode querer compartilhar sua vitória com as outras pessoas. Uma das coisas que todos precisam saber é que a depressão é uma doença *curável.*
- Muita gente ainda não sabe disso. Por isso, transmita essa informação na medida do possível, e dos meios de que você dispõe. Nós escrevemos um livro – era o que sabíamos fazer. Faça o que estiver ao seu alcance.
- Não estamos pedindo que você se transforme em um garoto-propaganda dos remédios antidepressivos. Estamos apenas dizendo que, se você achar que sua história pode inspirar alguém, não hesite em contá-la. Deixe que as pessoas resolvam como vão aproveitar as informações que você tão gentilmente forneceu.

Acender a sua própria luz e deixar que seu farol brilhe servirá de inspiração para alguém que, por sua vez, inspirará outras pessoas, e assim por diante.

LAZARIS, entidade espiritual

90

Obrigado por nos acompanhar nesta jornada

- Obrigado por ler nosso livro.
- Queremos que você saiba que temos muita compaixão por todas as pessoas que sofrem de depressão porque nós também passamos por isso um dia.
- Nós sabemos como é difícil admitir ter depressão, procurar tratamento e perseverar até ficar completamente curado.
- Portanto, não somos apenas os autores e você não é apenas um leitor – somos seres humanos, maravilhosos e horríveis, fantásticos e bobos, profundamente egoístas e incrivelmente generosos.

O propósito da vida é a expansão da felicidade.

MAHARISHI MAHESH YOGI,

criador da meditação transcendental

Conheça outros títulos da Editora Sextante

Como sobreviver à perda de um amor

Harold H. Bloomfield, Peter McWilliams e Melba Colgrove

Um dos livros mais recomendados pelos psicólogos americanos a seus clientes, *Como sobreviver à perda de um amor* apresenta estratégias simples, úteis e inspiradoras para superar a dor de uma perda – seja a morte de uma pessoa querida, o fim de um relacionamento amoroso, a perda da juventude, da saúde, de um emprego ou de um ideal.

Com mais de três milhões de exemplares vendidos no mundo, esse valioso manual de primeiros-socorros psicológicos não deve ser apenas lido, mas *usado* pelos leitores. Escrito por uma psicóloga, um psiquiatra e um poeta, ele ensina o que podemos fazer para compreender a nossa dor e transformá-la em crescimento pessoal.

Fique de bem com seu cérebro

Suzana Herculano-Houzel

Esse livro foi escrito para quem deseja alcançar o bem-estar e torná-lo algo cada vez mais intenso e freqüente em sua vida. Uma das mais renomadas neurocientistas brasileiras, Suzana Herculano-Houzel mostra o melhor caminho para a conquista desse objetivo: ficar de bem com o próprio cérebro, isto é, cuidar para que ele funcione da melhor maneira possível sempre.

Você conhecerá uma série de descobertas recentes da neurociência e saberá de que modo elas podem ajudá-lo a manter o cérebro saudável. Com um texto claro e cativante, a autora apresenta uma abordagem prática desse assunto, com dicas que estimularão você a arregaçar as mangas e se dedicar a obter mais paz e felicidade no dia-a-dia.

Um dos passos fundamentais é cultivar elementos importantes, como a sensação de controle sobre a própria vida, a capacidade de expressar desejos e opiniões, a interação social, o sentimento de ter um propósito na vida e a manifestação da tristeza nas horas certas.

Mantenha o seu cérebro vivo

Lawrence Katz e Manning Rubin

Com mais de 100 mil exemplares vendidos no Brasil, esse livro apresenta a Neuróbica, um extraordinário programa de exercícios para melhorar a capacidade cerebral baseado nas últimas pesquisas da neurociência.

Diferente de jogos para a memória, quebra-cabeças e palavras cruzadas, a Neuróbica usa combinações dos cinco sentidos e baseia-se em atividades simples e divertidas que podem ser realizadas a qualquer hora. O resultado é uma mente mais sadia e capaz de enfrentar qualquer desafio em todos os setores de sua vida.

O Fator Gente Boa

Tim Sanders

Um dos aspectos mais estressantes da vida moderna é ter de lidar com pessoas desagradáveis. Somos tão direcionados para a eficiência e a produtividade que acabamos nos esquecendo de que o mais importante é nossa capacidade de cativar as pessoas.

Pessoas simpáticas que possuem o que Tim Sanders chama de alto Fator-GB (Gente Boa) tendem a se adaptar com mais facilidade aos seus empregos, a fazer amizades rapidamente e a ter relacionamentos mais felizes.

O autor acredita que a simpatia não é apenas uma maneira de melhorar sua vida – é uma maneira de salvá-la. Ao descobrir que existem poucos livros sobre o tema, ele decidiu elaborar um método para ensinar as pessoas a aumentar seu Fator-GB.

Não leve a vida tão a sério

Hugh Prather

A vida não precisa ser tão complicada quanto insistimos em torná-la. A simples decisão de não se agarrar aos problemas pode melhorar – e muito – nossas vidas. É isso o que Hugh Prather nos mostra, com humor e clareza, nesse livro.

Não leve a vida tão a sério apresenta as dificuldades do dia-a-dia e nos dá ferramentas para contorná-las, mudando o que há de mais importante na vida: nossa atitude mental e a forma de reagir aos inevitáveis contratempos.

Peça e será atendido

Esther e Jerry Hicks

Quando desejamos alguma coisa, é comum ficarmos mais concentrados na *idéia de que não a temos* do que na *vontade de tê-la.* Embora essa seja uma atitude inconsciente, ela é a principal responsável pela dificuldade que temos em alcançar nossos objetivos.

Essa é a idéia principal de *Peça e será atendido*, que nos estimula a identificar nossos verdadeiros sonhos e a criar as condições para realizá-los. A fonte dessas revelações é Abraham, o guia espiritual que inspirou Esther e Jerry Hicks a compartilhar conosco essas valiosas lições.

A Lei Universal da Atração

Esther e Jerry Hicks

A Lei da Atração é a mais poderosa força do Universo e tudo o que temos na vida – amigos, relacionamentos, carreira, dinheiro, saúde, emoções – é diretamente influenciado por ela. Por isso, é fundamental descobrirmos de que forma ela atua e, principalmente, como fazê-la trabalhar a nosso favor.

Com base nos ensinamentos do guia espiritual Abraham, *A Lei Universal da Atração* nos ensina a reprogramar nossos pensamentos e direcioná-los para o que de fato queremos, exercendo um controle maior sobre a nossa vida.

Nunca desista de seus sonhos

Augusto Cury

Com mais de três milhões de livros vendidos sobre temas como crescimento pessoal, inteligência e qualidade de vida, o psiquiatra Augusto Cury debruça-se aqui sobre nossa capacidade de sonhar e o quanto ela é fundamental na realização de nossos projetos de vida.

Analisando a trajetória de personalidades importantes de nossa história, pessoas que acreditaram em seus sonhos, lutaram por eles e tornaram-se vencedores, o autor nos convida a seguir o mesmo caminho, mantendo a persistência e a esperança, sem jamais deixar de sonhar.

Pais brilhantes, professores fascinantes

Augusto Cury

Formar crianças e adolescentes sociáveis, felizes, livres e empreendedores é um belo desafio nos dias de hoje. A solidão nunca foi tão intensa: os pais escondem seus sentimentos dos filhos, os filhos escondem suas lágrimas dos pais, os professores se ocultam atrás do giz.

A quem interessa esse livro? Aos pais, aos professores da pré-escola, do ensino fundamental, médio e universitário, aos psicólogos, aos profissionais de recursos humanos, aos jovens e a todos os que desejam conhecer alguns segredos da personalidade e enriquecer suas relações sociais.

Pais brilhantes, professores fascinantes é um ótimo exemplo do talento de Augusto Cury: um livro cheio de valiosas contribuições para a auto-estima e desenvolvimento das pessoas.

100 segredos das pessoas felizes

David Niven

Não existe a menor dúvida: ser feliz é o desejo de todo ser humano. Mas o que isso significa e como atingir a tão sonhada felicidade?

David Niven organizou a lista dos 100 segredos mais simples capazes de tornar as pessoas felizes. Esse é um livro para ser lido devagar, degustando cada tópico, deixando que ele penetre em nossa consciência, nos questionando e transformando. Assim você vai compreender as diferenças entre as pessoas felizes e as infelizes e descobrirá o que pode fazer para aproveitar melhor a vida.

100 segredos das famílias felizes

David Niven

Esse é um livro sobre famílias reais, com suas lutas e alegrias, dificuldades e conquistas. David Niven nos mostra que não existem famílias perfeitas, mas que é possível fazer pequenas coisas para tornar a vida muito mais feliz e prazerosa.

Baseado em pesquisas científicas, *100 segredos das famílias felizes* apresenta ótimos conselhos para lidar com a educação dos filhos e os conflitos entre os casais, ajudando-nos a construir relações mais saudáveis, verdadeiras e, sobretudo, gratificantes.

Cada capítulo traz conclusões de psicólogos e cientistas que estudaram a rotina de milhares de famílias. A partir de exemplos reais, você vai aprender formas de superar as dificuldades e os dilemas comuns das pessoas que vivem sob o mesmo teto, desde como cuidar das crianças até como se entender com a sogra.

De bem com a vida

Arnold A. Lazarus e Clifford N. Lazarus

De bem com a vida oferece uma série de dicas práticas para você manter as emoções sob controle, resolver os problemas do cotidiano e resgatar a alegria de viver.

Donos de um repertório variado de técnicas, métodos e conselhos sobre como lidar com as questões que afetam o nosso dia-a-dia, os psicólogos Arnold A. Lazarus e Clifford N. Lazarus criaram um guia de leitura simples em que você pode ler com prazer cada item sem precisar enfrentar textos longos e cansativos.

Cada um dos 110 capítulos conta um caso baseado em uma história real e traz informações úteis e valiosas sobre psicologia, psiquiatria e saúde mental em geral.

A escolha é sua

John C. Maxwell

A vida é feita de escolhas permanentes. Que carreira você vai seguir? Com quem vai casar? Onde vai morar? Cada atitude, cada passo, cada pensamento é fruto de uma escolha.

Somadas, essas incontáveis decisões cotidianas determinam o rumo e a qualidade de nossa existência, tornando-nos pouco a pouco as melhores pessoas que podemos ser ou criaturas medíocres e frustradas.

A escolha é sua nos leva a refletir sobre as opções que fazemos diariamente e como elas influenciam nossa vida e a das pessoas ao nosso redor. Esse livro nos mostra que somos livres para escolher nosso caminho e que não há por que viver seguindo as expectativas dos outros, sem questionar o que de fato é melhor para nós.

Informações sobre os próximos lançamentos

Para receber informações sobre os lançamentos da EDITORA SEXTANTE, basta cadastrar-se diretamente no site www.sextante.com.br

Para saber mais sobre nossos títulos e autores, e enviar seus comentários sobre este livro, visite o nosso site www.sextante.com.br ou mande um e-mail para atendimento@esextante.com.br

EDITORA SEXTANTE
Rua Voluntários da Pátria, 45 / 1.404 – Botafogo
Rio de Janeiro – RJ – 22270-000 – Brasil
Telefone (21) 2286-9944 – Fax (21) 2286-9244
E-mail: atendimento@esextante.com.br